CB139103

Jean Allouch

O SEXO DA VERDADE

EROTOLOGIA ANALÍTICA II

TRADUÇÃO
PROCÓPIO ABREU

Jean Allouch

O SEXO DA VERDADE

Erotologia analítica II

Tradução
Procópio Abreu

Editor
José Nazar

Companhia de Freud

Copyright © E.P.E.L. 1998.
Proibida a reprodução total ou parcial

EDITORAÇÃO ELETRÔNICA
Mariana Blanc

EDITOR RESPONSÁVEL
José Nazar

CONSELHO EDITORIAL
Bruno Palazzo Nazar
José Nazar
José Mário Simil Cordeiro
Maria Emília Lobato Lucindo
Pedro Palazzo Nazar
Teresa Palazzo Nazar
Ruth Ferreira Bastos

REVISÃO
Sandra Regina Felgueiras

Imagem da capa: "The bride", de Gustav Klimt (detalhe).
Rio de Janeiro, 2010.

FICHA CATALOGRÁFICA:

CIP-BRASIL. CATALOGA SINDICATO NACIONAL DOS EDITORES DE LIVROS, RJ
A438s

Allouch, Jean
O sexo da verdade : erotologia analítica II / Jean Allouch; tradução Procópio Abreu. – Rio de Janeiro; Companhia de Freud, 2007 :
Tradução de : Le sexe de la vérité : érotologie analytique II
Inclui bibliografia

ISBN 978-85-7724-033-3

1. Psicanálise. 2. verdade. 3. sexo (psicologia). 4. psicanálise – congresso . I título

07-3219. CDD: 150.195
CDU: 159.964.2
23.08.07 24.08.07 003238

Companhia de Freud
editora
Rua Barão de Sertório, 48 - casa
Tel.: (21) 2273-9357 • (21) 2293-5863
Rio Comprido - Rio de Janeiro
www.ciadefreud.com.br • ciadefreud@gmail.com

ÍNDICE

ANÚNCIO

SEMINÁRIO EM BUENOS AIRES DIAS 28, 29 E 30 DE JULHO DE 1998

A VERDADE: INOPORTUNO MAL-ENTENDIDO

"A histérica sofre sobretudo de reminiscências", lemos já na "Comunicação preliminar" dos *Estudos sobre a histeria*; e a frase, sabemos, dava o pontapé inicial da psicanálise. Correspondia a dizer: o sintoma priva de esquecimento (em grego: *lethe*); ele é *a-letheia*, uma verdade.

Um gigantesco mal-entendido bem cedo ali se enxertou: partindo desse não-esquecimento, paradoxalmente, quis-se orientar a psicanálise para a busca do esquecido – é a anamnese –, embora se tratasse de esquecer o que não pudera ser esquecido. Não menos paradoxalmente, quis-se descobrir a verdade graças à análise, embora a tivéssemos ali, articulada, no sintoma. Certo, a tradição ocidental não ajudava a conceber uma verdade-obstáculo, o que é o sintoma.

Psicanalisar é tornar possível o esquecimento. "A loucura no estado ativo", escrevia John Cower Powys em 1928, "é apenas a incapacidade de esquecer". A análise deverá portanto produzir um esquecimento, mas outro que aquele que havia primitivamente e em vão sido tentado. Logo, existem diferentes modalidades de esquecimento.

O que Freud mostrava no segundo tempo de seu trilhamento. Ele acabou então levando em conta a incidência não mais apenas de *lethe-hipnos* (o esquecimento por onde volta o sintoma) mas de *lethe-thanatos*, aquele que é sem retorno algum, pois ele mesmo terá sido esquecido. Essa radicalização terá dado suas bases a uma analítica freudiana do esquecimento? O grande mito de *Eros* como via segundo a qual *Tânatos* se cumpre parece, ao contrário, renovar o mal-entendido. Resta que esse dualismo pulsional indicava de novo que o esquecimento é assunto de erótica e assunto erótico. A erótica não é apenas seu objeto (a lembrança sexual traumática); sobretudo, é dela não poder ser exercida como esquecimento. E, portanto, também, podê-lo. Freud nomeou transferência o laço erótico que abria o analisando ao esquecimento, isto até o esquecimento desse próprio laço.

Foi preciso esperar os últimos trabalhos de Michel Foucault para encarar em toda a sua amplitude histórica as razões do mal-entendido que, de maneira reiterada, atingiu a análise (sua teoria, seu exercício), inclusive em Lacan, antes que este acabasse tomando distância da verdade ao notar (não sem tê-la separado de todo absoluto, de toda transcendência, reconhecendo-a como semidizer) que ela conduz à religião. A observação é infelizmente confirmada pela evolução atual da psicanálise numa pastoral. Ou seja: exatamente aquilo em que ela parecia execrável a *Foucault* e a *Lacan*.

Acabar com o mal-entendido agora centenário que, na análise, se refere à *verdade*, pensar *a erótica* da verdade outra que a verdade da erótica (o que a tradição ocidental presentifica, ao buscar caçar a verdade sobre si no sexo), será, portanto, responder enfim a Foucault. E, ao mesmo tempo, situar a análise não como técnica de confissão, mas como erotologia de passagem. "Erotologia de passagem"[1], com efeito, este parece ser o modo de esquecimento exigível no campo freudiano.

---

1 Assim, nosso opúsculo *La psychanalyse: une érotologie de passage* recebe aqui, *a posteriori*, seu subtítulo: *Erotologia analítica I*. Ao passo que o zero (apontado) corresponde a *L'éthification de la psychanalyse, Calamité* (igualmente um caderno de L'Unebevébue, Paris, EPEL, 1997 e 1998 [ambas as obras foram traduzidas, no Brasil, pela Companhia de Freud]).

PRÓLOGO

No início, a fala é música. Através dos recintos previstos para a amplificação da fala, vem aos ouvidos de um público um pouco espantado, que esperava o conferencista, um tango dos mais conhecidos: *Yira... yira*. A letra é de Enrique Santos Discépolo; a música também; foi gravado pela primeira vez pela Orchestra Tipica Victor, com o duo Gomes-Vila. Em seguida por Gardel, depois por muitos outros. Há ao menos alguém, na sala, que não o conheça de cor? Logo alguns, discretamente, o cantam.

Cuando la suerte qu'es grela,
fayando y fayando
te largue parao...
Cuando estés bien en la via,
sin rumbo, desesperao...
Cuando no tengas ni fe,
ni yerba de ayer
sacándose al sol...
Cuando rajés los tamangos
buscando ese mango
que te haga morfar...
La indiferencia del mundo
que es sordo y es mudo
recién sentirás.

Verás que todo es mentira,
verás que nada es amor,
que al mundo nada le importa
¡ Yira!... ¡ Yira!...
Aunque te quiebre la vida,
aunque te muerda un dolor,
no esperes nunca una ayuda,
ni una mano, ni un favor.

Cuando estén secas las pilas
de todos los timbres
que vos apretás,
buscando un pecho fraterno
para morir abrazao...
Cuando te dejen tirao,
después de cinchar,
lo mismo que a mí...
Cuando manyés que a tu lado
se prueban la ropa
que vas a dejar...
te acordarás de este otario
que un día, cansado,
se puso a ladrar.

Verás que todo es mentira,
[etc][1].

"Verás que tudo é mentira". É uma promessa...

Para formular uma outra, aquela implicada pelo anúncio deste seminário, talvez eu possa partir deste "tudo é mentira" e prometer que a posição da verdade tal como vamos estudar é bem pior ainda. A asserção vem decerto de alguém que sente que, indiferente à sua sorte, o mundo gira, gira como uma puta na calçada, de alguém confrontado com o que de desilusão comporta

1 *Las letras del tango, Antología Cronológica 1900-1980*, Coordinación y Prologo de Eduardo Romano, terceira edição aumentada e corrigida, Rosario, Argentina, Editorial Fundación Ross, 1991, pp. 209-210.

a existência do sexo oferecido; no entanto, apesar das aparências, ela ainda dá prova de um belo otimismo. Com efeito, basta se dar a oposição lógica do entre o verdadeiro e o falso, a negação não menos lógica e o princípio do terceiro excluído, noções em suma bem banais, inclusive a utilização delas no discurso corrente, para que possa ser transformada em: "tudo é verdade". Assim, vemos claramente que há ali algo um pouco excessivo. E com certeza bem pouco manejável, por sê-lo em excesso.

Deve-se então ler pontuando com a ajuda destas aspas que tanta falta fazem ao discípulo atual de Lacan[2]: *"Veras que 'todo' es mentira"*? Feliz lacaniano que assim cai fora das coisas comprometedoras! Se "tudo" é mentira, dirá ele, é que a verdade "não é toda". Não é o que a voz de seu mestre havia anunciado?

No entanto, essa verdade como semidizer, por ter perdido um pouco de sua soberba, não guardava a marca dela? Assim, prometemos que, ao longo destas três jornadas de seminário, ela ainda terá que se desfazer de boa parte dessa soberba. Caberá ao leitor dizer se essa promessa, aqui, é ou não mantida.

2 A constatação daqui por diante está claramente formulada: cf. Jorge Baños Orellana, *El idioma de los lacanianos*, Buenos Aires, Atuel, 1995, pp. 171-172. Baños sublinha que, na atual versão kitsch de Lacan, um dos vieses pelos quais se promove um "Lacan para todos", a citação de Lacan é fraudada. Confirmação: a oferta das aspas feita por *Littoral* nº 1, em maio de 1981, num momento não qualquer, já que ia se situar logo antes da morte de Jacques Lacan; essa oferta, por ter sido inaugural, também foi amplamente recusada. Com bastante justeza, Baños observa que não é tanto o fato de apropriar-se sub-repticiamente do texto que conta na ausência de aspas usada pelo pouco escrupuloso discípulo, tal como quer Umberto Eco, mas o tédio, constituinte do kitsch, para com tudo o que ele suspeita como "intelectual demais". Acrescentemos que *El idioma de los lacanianos* marca data; com efeito, é o primeiro estudo a problematizar o hermetismo de Lacan; este, até ali, fora sobretudo alegado para ser denunciado (citemos: Edouard Pichon, "La famille devant M. Lacan", *Revue Française de psychanalyse*, tome XI, nº 1, 1939, Éditions de la Nouvelle Revue Critique, assim como Georges Mounin, "Quelques extraits du style de Jacques Lacan", *Nouvelle revue française*, nº 193, 1969). Basta, para medir um pouco a importância de *El idioma...*, referir esse reconhecimento do hermetismo de Lacan àquilo que, hoje ainda, é palavra de ordem ou apenas constatação: um Lacan "simples", tendo feito "obra clara" (o que Lacan dizia de Freud em "A coisa freudiana" e que não era menos errôneo).

PRIMEIRA SESSÃO, SEXTA-FEIRA DE MANHÃ

As coisas αλήθεια são aquelas
que não caem no esquecimento.
Hesíquio[1]

O psicanalista não é especialmente um detentor da verdade: nem seu cavaleiro, no sentido em que Kierkegaard desenhava a figura de um cavaleiro da fé. Quantos sós, ou aninhando-se com alguns outros, detêm a verdade e ali estragam a vida? São impropriamente chamados "paranoicos", isto em razão de um pequeno erro, o esquecimento daquilo que são: mais simplesmente noicos, conhecedores da verdade. O fato de o psicanalista não o ser deve-se essencialmente a que a teoria dele nunca é inteiramente isso, lugar de uma permanente suspensão quanto à sua verdade. O psicanalista tampouco é um Sherlock Holmes que descobre, após mil reinícios, o segredo do caso; e

1 Citado por Macel Detienne, *Les maîtres de vérité dans la Grèce archaïque*, prefácio de Pierre Vidal-Naquet, Pocket, Paris, 1994 (1ère éd., Paris, Maspero, 1967), p. 93. Em "Função e campo da fala e da linguagem", Lacan não recua em situar o analista como "dono [*maître*] da verdade" (*Écrits*, Paris, Seuil, 1966, p. 313). Foi dez anos antes da obra de Detienne. O "que não caem" está acima em itálico para que não se passe rápido demais pela verdade como defesa, pelo que se erige para não cair. Também se pode ler uma alusão ao "deixar cair" [*laisser tomber* é também o abandonar, no sentido de "deixar pra lá" (NT)] por Freud de sua "jovem homossexual"; a respeito desse fim de tratamento (Freud a enviou a uma colega), Lacan fez essa fala em que se lê que seu "retorno a Freud" não era forçosamente o que se imagina: "A coisa freudiana é aquilo que Freud deixou cair".

término de uma análise não é a verdade enfim revelada, seja aquela de si, do outro, do universo, pouco importa.

E felizmente... Pois verdades muitos outros além dos noicos não deixam de ter, a começar por aquelas que se autoproclamam tais (por exemplo a dos três *v*: "Sou a via, a verdade e a vida"); tampouco faltam os meios supostamente capazes de fazer alguém ter acesso à verdade e que podem levá-lo a tomar alhos por bugalhos (por exemplo, esse reinado, em psiquiatria, durante um século, de teoria da degenerescência).

Para falar a verdade... (a propósito, não é tão fácil!), a psicanálise teve muita dificuldade para se recuperar daquilo que se pode chamar o carril da verdade, no qual ela muito cedo caiu, mais ou menos caiu, não caiu por completo, mas caiu de uma maneira que ficou, como diz o título anúncio do presente seminário, "inoportuna". Após ter-se com Lacan aí um pouco enviscado (vamos verificá-lo lendo "A coisa freudiana"), ela se safou exatamente em 9 de abril de 1974, quando Lacan enfim pôde reconhecer e dizer da maneira mais clara possível: "a verdade, meus bons amigos, leva à religião". Trata-se de uma frase-corte, ainda que, desde então, a religiosidade analítica, que Foucault identifica tão pertinentemente como uma pastoral, tenha se desenvolvido muito.

Assim, pois, não procurarei aqui a verdade. E, aliás, disso podemos ter imediatamente uma prova. Com efeito, o que acabo de dizer deve também dizer respeito ao que acabo de dizer, em outras palavras, o que acabo de dizer não é verdade. Ora, é o caso! E não há aí nenhum paradoxo, como, por exemplo, o do cretense. "Não é verdade que não buscarei a verdade" é uma frase perfeitamente audível.

Assim, vamos tentar não só melhor delimitar o que, em psicanálise, pode ser entendido por verdade, formular aquilo em relação a que a verdade é definida, mas também trilhar uma nova relação com essa verdade. Essas duas questões devem com certeza fazer apenas uma. Partimos do toque de clarim verdiano de Lacan em 1955 em Viena, pelo qual ele bradava, como um cavaleiro da verdade freudiana, contra as traições, desvios e outras distorções que ele dizia cometidas pelos alunos de Freud (a postura de Lacan, forjada por ele, era então falsamente quixotesca e ele mesmo não deixava de se desviar de Freud), para nos fazer nos pautar, digamos pelos vinte anos seguintes, pelo reconhecimento de que a verdade leva à religião, ou ainda pela frase a justo título célebre de Foucault: "Gosto demais da verdade para não sabê-la plural"[2].

Felizmente, nossa tarefa, ambiciosa, sobre a qual nada garante que esteja ao alcance de conferências ou discussões, é um pouco facilitada pelo que foram as tribulações da verdade no século que se acaba. Com efeito, em registros diversos, a verdade viu-se exposta, desnudada em seu estatuto de pobreza, graças ao que não é mais tão difícil ver que ela não é uma bela jovem mulher generosa saindo nua do poço e suscetível de excitar e até de acalmar certos apetites eróticos. Embora essa exposição esteja localizada nas redondezas do campo freudiano, temos que dizer um pouco em que ela terá consistido, antes de chegar ao cerne de nossa proposição de que ela constitui, de certo modo, o contexto, em todo caso o contexto presumido.

UMA VERDADE EXPOSTA

1. Fragmentos

A exposição da verdade a livrou daquele verniz que fazia da verdade mais que a verdade, que fazia sua idealidade; a verdade (isso não datava de ontem) pôde aparecer como ideal enquanto verdadeira, até mesmo como ideal de verdade. Acabou[3]. Ora, graças a essa exposição, hoje podemos compreender que ela talvez não tenha sido levada tão longe quanto teria sido preciso. Não sem algum arbitrário, podemos de qualquer modo diferenciar pelo menos três registros em que ela se produziu: lógico-matemático, político, ético.

– Lógico-matemático: um balanço negativo foi recentemente feito por Claude Imbert[4], sob forma de uma escolha à qual ninguém pode escapar. Não se pode a rigor – ressaltou ela – ter numa mesma mão a sintaxe e uma

---

2 Michel Foucault, *Dits et écrits* (doravante *DE*), t. IV, Paris, Gallimard, 1994.

3 Em janeiro de 1966, o primeiro número dos *Cahiers pour l'analyse* foi dedicado à verdade. Quem, hoje, ousaria, como Lacan na época, em "A ciência e a verdade" (*op. cit.*, p. 22), citar Lênin dizendo que "a teoria de Marx é todo-poderosa porque é verdadeira"? Lacan acrescentava de qualquer modo que, escrevendo isto, Lênin "[...] deixa vazia a enormidade da questão aberta por sua fala: por que, a supor muda a verdade do materialismo sob suas duas faces que são apenas uma: dialética e história, por que fazer a teoria dela aumentaria sua força?".

4 Claude Imbert, *Phénoménologies et langues formulaires*, Paris, PUF, 1992.

relação fenomenológica com o objeto. Retirem os teoremas dessa sintaxe (o que fizeram as línguas formulares, as lógicas modernas, formais), modifiquem as axiomáticas para melhor estudá-las e vocês perdem de vista o objeto; centrem-se na fenomenologia do objeto e vocês perderão a sintaxe sem a qual, no entanto, vocês não podem apreender o objeto. O trabalho de Imbert resulta, para a lógica, dessa mesma veia inaugurada pelo teorema de incompletude de Gödel. Certo, é possível jogar, dizer que tais resultados são eles mesmos verdades. Pouco importa, uma obra como a de Claude Imbert ataca uma certa promoção da verdade; logo, *a* verdade, aquela que daria o tom.

– Político: o século ensinou, e a um preço muito elevado, que uma dada verdade não pode doravante valer como objeto da ação política (doravante, os "servidores do Estado", como eles próprios se nomeiam, "gerem"). Era o "não" de Georges Brassens ao que ele chamava "grande coisa", ao "morrer por ideias" – mas também pensamos nas desilusões de um Bertrand Russell pacifista consequente. Historicamente, essa recusa era a de uma primeira Guerra Mundial, a Grande Guerra, aquela que Brassens* "preferia" entre todas. Eram necessárias ideias, tais como "salvar a pátria", para levar milhares de garotos não profissionalizados à guerra.

Recentemente na França, *O bosque do capítulo* de Bergounioux[5] vinha, ao voltar ao local da hecatombe insensata, constatar o absurdo dessa guerra para a qual certos historiadores dizem eles mesmos não conseguir encontrar razão. François Furet:

> **A guerra de 1914 mudou tudo na vida da Europa, fronteiras, regimes, disposições de espírito, modos até. Ela lavrou tão profundo na mais brilhante das civilizações modernas que dela não deixa nenhum elemento que não seja transformado. Ela marca o início de seu declínio como centro do poder do mundo ao mesmo tempo que inaugura este século feroz de que saímos, cheio da violência suicida de suas nações e de seus regimes. [...] um adolescente de hoje no Ocidente não pode sequer conceber as paixões nacionais que levaram os povos europeus a se matarem durante quatro anos. Ele ain-**

5 Pierre Bergounioux, *Le bois du chapitre*, Orléans, éd. Théodore Balmoral, 1996.

* Georges Brassens (1921-1981), poeta e cantor anarquista francês, autor de *Mourir pour des idées* [*Morrer por ideias*], em que admitia a ideia, "desde que de morte lenta", e de *La guerre de 14-18* [*A guerra de 14-18*], que ele afirmava ser a sua "preferida", por ser a mais idiota de todas. (NT)

da toca nelas por seus avós e no entanto perdeu os segredos deles; nem os sofrimentos sofridos nem os sentimentos que os tornaram aceitáveis lhe são compreensíveis; nem o que eles tiveram de nobre nem o que comportaram de passivo falam ainda a seu coração ou à sua mente como uma lembrança, até transmitida. Ora, ao buscar reconstituir esse mundo desaparecido, o historiador não está muito mais bem favorecido. [...] Tanto que a primeira guerra do século XX, na medida em que opera uma formidável ruptura com o que a precede, permanece um dos acontecimentos mais enigmáticos da história moderna. Seu caráter não pode ser lido na época em que ela começa e seus prolongamentos ainda menos; é a diferença com a segunda, quase inscrita de antemão nas circunstâncias e nos regimes da Europa dos anos trinta [...][6].

Dizendo de maneira hegeliana, escrito ao mesmo tempo que essas linhas de Furet, o ato de Pierre Bergounioux retornando ao local do bosque do capítulo encerra como definitivamente não simbolizável o acontecimento da Grande Guerra. Com, é claro, a discrição que é de praxe para tal palavra final.

– Ética: no mesmo passo, desta vez com a Segunda Guerra Mundial e seus genocídios, a ética kantiana pareceu outra coisa que o que pretendia ser. Revelou-se (Freud havia notado) uma erótica do supereu[7]. Com os totalitarismos e a Shoah, a ética kantiana viu-se desqualificada como ética fundada, em sua verdade e na verdade, num sujeito universal. Lacan dizia esse fracasso por seu "Kant... com Sade", e Foucault constatava explicitamente que não há sujeito universal suscetível de discriminar o que seria o verdadeiro juízo moral, fora do campo do patológico no sentido kantiano desse termo. Dora-

---

6 François Furet, *Le passé d'une illusion, Essai sur l'idée communiste au XXe siècle*, Paris, Robert Laffont, Calmann-Lévy, 1995, p. 35. Essa ampla citação (mas gostaríamos que fosse ainda mais ampla) é dada à meditação dos psicanalistas que se obstinam em prometer aos adolescentes de hoje, pela suposta virtude da análise, um acesso ao passado transgeracional enfim reconstituído. Furet acerta ao reconhecer, ele, um historiador, que pode estar às voltas com "um mundo de sentimentos e ideias para sempre desaparecido de nossas memórias". Este "para sempre desaparecido" seria o que a psicanálise deve excluir, até mesmo foracluir, para ocorrer? Ou então, antes, ao afastá-lo, não se priva ela disso mesmo que faz sua eficácia?

7 Cf, notadamente, o prefácio de *Totem e tabu*, no qual Freud declara que o tabu sobrevive nos nossos dias no imperativo categórico e até que ele *é* esse imperativo categórico. Cf. igualmente a discussão do problema da erótica do supereu em John Rajchman, *Érotique de la vérité, Foucault, Lacan et la question de l'éthique*, traduzido do americano por Oristelle Bonis, Paris, PUF, 1994, pp. 73 et sq.

vante, se uma ética permanece possível (o que não é seguro), só haverá ética fraca, secundária.

A despeito dessa tripla exposição, a psicanálise parece obstinar-se em dar lugar à verdade como objetivo. Tudo se passa, então, como se, em nome de sua razão elevada ao nível de razão de Estado, ela sugerisse ao analisando que ele precisava dizer o verdadeiro de seu sexo, de seu desejo, de seus amores e penas. Foucault sublinha que, nisso seguindo uma longa tradição, ela teria conseguido persuadir cada um de que sua sexualidade é a verdade de sua vida, que convém, portanto, mais ou menos (im)pudicamente, "descobri-la". Até o *Wo Es war, soll Ich werden*, quanto a isso, é eminentemente suspeito. Felizmente, ao comprometermos assim o exercício da psicanálise, às vezes nos damos conta de que, então, o analítico não funciona, que, ali também, se dar o verdadeiro como objetivo serve a outros interesses, e especialmente aos do supereu.

2. A psicanálise: um jogo de verdade

Lacan estava certo ao fazer da verdade um conceito analítico, não é verdadeiramente um conceito fundamental? Para acolher essa promoção fora dos estragos que ela pode causar, digamos hoje com Foucault que a verdade em análise é um jogo, que a análise é um "jogo de verdade". Jogos como estes são, em Foucault, tão decisivos quanto os "jogos de linguagem" em Wittgenstein. Não confundir, evidentemente, "jogo de verdade" com esse "jogo da verdade" que foi, num tempo dito de "liberação sexual", uma maneira lúdica e às vezes libertina de cutucar o laço estreito que solda verdade e sadismo.

O que é, pois, a psicanálise, tomada como jogo de verdade, manifesta como posição, como incidência da verdade, até mesmo como verdade da verdade?

Tal questão é como que aguçada por uma surpresa, a de dever notar que os autores que foram muito longe no estudo do pluralismo da *aletheia* manifestam que, num ponto preciso, o questionamento deles vai noutra direção, assim, brutalmente, sem muita razão – a não ser quando (mas isso não é uma razão, é um problema) se trata então do sexo. Veremos isso claramente, notadamente com Marcel Detienne e seus *Mestres de verdade*.

Um apólogo introduzirá a essa erótica da verdade. Já imaginaram o que poderia ser uma vida, no que ela tem de público, de privado, de íntimo, se um demiurgo puxasse o tapete sobre o qual essa vida crê andar, decerto com maior ou menor facilidade, um tapete feito não de lã, de algodão, de seda ou de borracha, mas de valores nos sentidos lógico e moral desse termo, a saber, os valores de verdade e de sinceridade? O que aconteceria se, de maneira um pouco sustentada, os atos de alguém não só prestassem um pouquinho de atenção à falha da verdade (ela falha, e ela falta), ou ao fato de que a sinceridade é um semblante, um truque, uma carta no grande jogo da sedução, do ódio e do desprezo (cf. o dandismo de Lacan que torna ostensivo esse estatuto da sinceridade)? Será que mudaria muitas coisas, por exemplo, nos apegos libidinais, se alguém não pudesse mais considerar verdadeira (nem falsa, portanto), nem sincera (nem enganosa, portanto) a declaração de amor que lhe é feita ou que ele faz? O valor de uma declaração de amor pode ser recebido independentemente de sua verdade ou de sua sinceridade, uma vez que, como se diz, "os atos se deixam levar" (ou recusam). Aliás, essa "redução eidética" do verdadeiro e do sincero deve ocorrer, caso se trate de uma declaração, isto é, de um performativo! Por que exigir, além disso, que seja verdadeira e sincera? – "Te amo, diz ele, e é verdade!", sorrimos. Por outro lado, há algo inconveniente, todos conhecem isso, quando, na declaração – "Te amo", a resposta, dubitativa, é: – "É verdade?". Entrevemos que essa pergunta rejeita a declaração, a ela se esquiva. Wittgenstein, diria eu em tom de piada, não podia declarar-se apaixonado nem responder favoravelmente a uma declaração de amor (o que sabemos de sua vida confirma isso), ele que, infatigavelmente, para toda asserção, interrogava sua verdade; e Russell, ao oposto, com sua vida amorosa tão rica, parece não ser um lógico (o que a evolução de seu trabalho também confirma)[8].

Isto também nos dá uma determinação da erotologia analítica: é uma lógica erótica que tem da verdade e da sinceridade uma concepção tal que poderia igualmente passar sem elas. Entendam o condicional. Não que ela passe sem elas. Mas verdade e sinceridade são na erotologia analítica tomadas

8 Precisemos: embora tivesse se ocupado de lógica essencialmente na juventude, a vida amorosa de Russell começou bem tarde, durante a guerra de 14-18, à qual reagiu como pacifista. Esse momento também é aquele em que declara que a cabeça enfraqueceu. Com efeito, conforme um de seus ditos espirituosos, quando a cabeça funcionava perfeitamente, ele se ocupava de lógica; quando suas faculdades diminuíram, ele fez filosofia; mais tarde ainda, após nova diminuição, ele fez política.

por um viés tal que poderíamos bem, embora sem passarmos sem elas (e aqui os nomes de Lacan – por um tempo – e de Ferenczi são os que brilham mais), passar sem elas. No xadrez, podemos jogar e até ganhar sem um peão ou uma figura. Certas perdas são até necessárias para que o jogo aconteça.

Aliás, a regra fundamental do jogo de verdade analítica passa sem a verdade e a sinceridade; ela faz desses dois valores um soberbo impasse. O psicanalista por certo não diz ao analisando: – "Diga a verdade", menos ainda – "Diga-me toda a verdade", o que é a própria loucura da justiça; tampouco lhe diz: – "Fale então com toda sinceridade", nem mesmo: – "Seja sincero ao falar"; não, ao liberar o discurso como o faz a regra fundamental (a qual *ipso facto* coloca de outra maneira o que falar a verdade quer dizer), essa regra escancara, como notava Lacan, a porta da enganação de si mesmo ou de outrem, mas também e mais radicalmente (trata-se aí de um Lacan muito mais tardio) a da imaginação, do semblante, do blablablá, em suma, daquilo que não satisfaz obrigatoriamente às condições necessárias para que haja enganação.

VERDADE VERSUS ESQUECIMENTO

A verdade não se deixa agarrar nem pelo viés da realidade à qual a dizemos adequada (estudaremos esse ponto ao lermos Heidegger via Koyré), nem por sua idealidade, à qual o sujeito deveria tornar-se conforme. Aquilo com o que a verdade está confrontada, isto diante do que ela se erige, o que a define como sendo seu contraponto, é o esquecimento. Pelo menos é esta a tese que vamos pôr à prova. Vamos ver que só a oposição da verdade ao esquecimento explica que a verdade seja plural e que seja, também, erótica, mais exatamente fálica.

Que a verdade seja plural, basta ler *Os mestres de verdade* de Detienne para disso ter a prova. A verdade desses mestres que são o poeta, o vidente, o rei de justiça não será a mesma que aquela que opera no grupo democrático dos guerreiros, hoplitas, e esta por sua vez não será a das seitas filosófico-místicas, nem a dos sofistas e dos retores. Detienne desdobra com toda a precisão desejável essas mudanças de representação da verdade. Mostra que, na Grécia, ela começou a funcionar conforme regimes distintos, isto até o ponto de alguns desses diferentes modos poderem se opor. Vamos entrar no detalhe desses jogos de verdade ao menos por duas razões:

– para estabelecer que o eixo do problema da verdade é constituído por sua relação com o esquecimento;

– para estabelecer que não se pode problematizar essa relação verdade/esquecimento sem o falo.

1. O eixo aletheia – lethe

– O *a* de *aletheia* é bem um *a* privativo, privativo de *lethe*, de esquecimento. Explicitamente, a Grécia arcaica distinguia duas Planícies: a "Planície da verdade" e a "Planície do esquecimento"[9]. A verdade é, fundamentalmente, o que priva de esquecimento. Essa tese pode ser sustentada, inclusive contra certas formulações locais de Detienne, mas, parece-me, sempre com ele.

Com o que, então, se confronta a verdade? Com o que desejava o historiador Paul Veyne a respeito da morte de Michel Foucault: "Tentemos antes", dizia ele, "dar sentido e beleza à morte apagamento". Essa morte apagamento implica o esquecimento, é esquecimento. Também podemos citar um acadêmico francês contemporâneo, que definia recentemente uma vida fracassada como aquela que não combina com sua própria morte. Não é um paradoxo. Ora, a esse respeito, a privação de esquecimento, isto é, a verdade, aparece como um obstáculo. Está aí, há quase três milênios: a verdade é um obstáculo. Essa constatação pode até, decisivamente, permitir que discriminemos psicanálise e religião. De fato, essa verdade tão mimada luta, defendendo-se ferrenhamente, num fabuloso combate, contra o esquecimento – um combate tanto mais belo, tanto mais atraente, tanto mais cheio de armadilhas já que está perdido de antemão e que não está declarado aberto.

Até em Detienne, que no entanto desdobra claramente a antinomia *aletheia lethe*, há uma flutuação relativa a essa antinomia. Estudemos esse problema, pois Freud nele está inscrito – e nós com ele.

Necessariamente dois esquecimentos

Esse problema se instala, como problema, tão logo fica claro que apre-

9 Cf. M. Detienne, *op. cit.*, pp. 182-184.

ender a radicalidade da oposição entre *aletheia* e *lethe* passa pela distinção de pelo menos duas espécies de *lethe*, de esquecimentos.

Há um esquecimento como que chamado pela lembrança desagradável. Desviamo-nos para esquecê-la. A distinção desse esquecimento do "desviar-se", desse esquecimento da fuga, do sono, da droga em relação a um outro e mais radical esquecimento é antiga. Detienne a descreve perfeitamente. Quando uma fala soberana, proferida por quem de direito, poeta, vidente, rei de justiça, instaura a memória de alguém, isto é, sua reputação, seu *kleos*, aquilo a que Marguerite Duras deu seu nome moderno de "dizem*" e, nesse contexto da Grécia arcaica, é o próprio real de cada um[10] (um homem vale o que vale seu *logos*[11]), ele é um esquecimento que não é esquecimento das amarguras mas esquecimento desse si, constituído por essa fala cujo estatuto vamos em breve interrogar. O poeta que canta o louvor do rei ou de um guerreiro por um lado lhe permite esquecer suas amarguras mas contravém também, em ato, a seu possível esquecimento, à ausência possível do que *dizem* [*on dit*] a seu respeito. Assim, o esquecimento não designa apenas o que esquece ou não aquele que está em questão mas o fato de que seja esquecido ou não aquele que está em questão.

Comparando o esquecimento droga, o esquecimento calmante que as musas proporcionam ao esquecimento radical no qual está em jogo o aniquilamento de si (mas é possível falar de aniquilamento de si, talvez ainda seja demais, demais si), Detienne escreve:

> **Qual é a natureza desse Esquecimento? Não é mais o poder negativo, a Criança da Noite[12], que se opõe à *Aletheia* luminosa. *Lethe* não é aqui a escuridão espessa; ela é a sombra, a sombra que delimita a luz, a sombra de *Aletheia*. É preciso distinguir duas espécies de esquecimento que são entre elas como os gêmeos *Tânatos* e *Hipnos*: se o primeiro é *negro* e se tem "um coração de ferro, uma alma de bronze, implacável, em seu peito", o segundo, Sono, é *branco*, "tranquilo e doce para os homens" [*essas fórmulas são tiradas da* Teogonia**

10 *Ibid.*, p. 56.

11 *Ibid.*, p. 62.

12 Cf. Clémence Ramnoux, *La nuit et les enfants de la nuit*, Paris, Champs Flammarion, 1986. Cf. M. Detienne, *op. cit.*, p. 68.

* *On dit*. "Dizem" ou "diz-se": o pronome sujeito *on* marca em francês a indeterminação. (NT)

> **_de Hesíodo_]. Ao Esquecimento-Morte se opõe o Esquecimento-Sono, ao Esquecimento negativo responde o Esquecimento positivo. [...] _Lethe_ não é mais a Criança da Noite mas a mãe das Cáritas[13], das "visões brilhantes", da alegria dos banquetes e dos "eflúvios cintilantes" (_ganos_) que surgem nos festins solenes. _Lethe_ acompanha Eros e o doce prazer das mulheres[14].**

Constatando a existência desse esquecimento-sono, desse esquecimento *pharmakon*, droga, apaziguamento, e situando esse esquecimento como uma zona intermediária entre *aletheia* e *lethe*, Detienne conclui que, nesse contexto (será diferente num outro contexto futuro), não há, entre as forças antitéticas que são *aletheia* e *lethe*, contradição. Não vemos por quê. Essa apresentação parece uma grade algo artificialmente colada sobre o material que nos é apresentado. O que tem, pois, de "intermediário" o *lethe*-sono entre *lethe* e *aletheia*? Nada. Não deve ele antes ser situado, partindo de *lethe*, para além de *aletheia*, como acentuava Freud ao fazer do recalque uma segurança suplementar contra o esquecimento? Teríamos, pois, não a sequência orientada

lethe-tânatos ⇛ *lethe-hipnos* ⇛ *aletheia*

mas (com desprendimento de *lethe-hipnos* que não é de mesmo nível)

lethe-tânatos ⇛ *aletheia*

⇛ *lethe-hipnos*

Os esquecimentos freudianos

Freud descobre algo que a Grécia arcaica e antiga não havia previsto: um certo efeito de retorno perturbador que ocorre no próprio cerne do esquecimento-sono, aquele que supostamente proporciona apaziguamento, tranquilidade, consolo. O que assim retorna é o sintoma, e ele chama recalque o mecanismo desse retorno. Assim, Freud e Breuer declaram:

> **É sobretudo de reminiscências que sofre a histérica[15].**

O sintoma (histérico) é uma memória; ele priva de esquecimento quem

13 M. Detienne, *op. cit.*, p. 119: as cáritas [graças] são potências afins a Hermes e Afrodite.

14 M. Detienne, *op. cit.*, pp. 118-119.

15 S. Freud, J. Breuer, *Études sur l'hystérie*, trad. A. Berman, Paris, PUF, 1956, p. 5.

tenta esquecer no sentido do hipno-esquecimento – aliás, está explicitamente em questão, correlacionado a esse sintoma, um estado hipnoide[16]. O sintoma é, portanto, *a-letheia*. Não há por que buscar a verdade do sintoma; o sintoma é uma verdade. Assim é que, de acordo com a definição acima formulada da verdade, ele é um obstáculo. Disso resulta que a psicanálise freudiana não é uma técnica de confissão: ao contrário do que acontece quando se trata de confessar, ela admite que, de imediato, a verdade é dita, que a verdade está no início.

Talvez digam: – "Certo, a verdade é dita, mas... sem que se saiba!". Ao que podemos responder duas coisas: por um lado, que a verdade, seja ela qual for, sempre apresenta uma face de enigma e, por outro lado, que estamos pouco nos importando em saber! "Não há" – como dizia Lacan – "a menor *Wisstrieb*, a menor 'pulsão de saber'". O que traz dificuldade, no sintoma, não é o saber, já que o sintoma é ele mesmo verdade. E, aliás, muitos vivem com seu sintoma sem quase nunca procurar trazê-lo ao saber. O que traz dificuldade com o sintoma é seu real.

Reportemo-nos, então, à sequência do texto da "Comunicação preliminar" (1892), depois de a histérica ter dito que sofria de reminiscências. Evidentemente, a questão terapêutica que se coloca é: "Como ajudá-la a esquecer?". É um texto de grande frescor e ingenuidade. Será preciso toda uma ginástica suplementar para que seja afastada essa questão básica, para que a transformemos nessa outra que é só secundária: "Como ajudá-la a se lembrar?". O texto distingue então três modalidades de esquecimentos. A mais conhecida, a que às vezes acaba sendo erradamente a única lembrada, é a ab-reação. Mas também há dois outros modos de "descarga": 1. O que os autores chamam "a elaboração associativa", que "corrige" a lembrança e faz assim "desaparecer o afeto concomitante", e 2. "a usura", que "corrói sobretudo as representações que perderam sua eficiência afetiva"[17].

Essas três modalidades nos esclarecem quanto à maneira como Freud e Breuer concebem a terapêutica, isto é, o esquecer. Não será exatamente, não inteiramente, um esquecer. A terapêutica vai separar a lembrança de seu afeto (as duas primeiras modalidades). Logo, o objetivo é precisamente que uma lembrança cesse de ser traumática; aparentemente, não que ela cesse de ser lem-

16 Mais tarde, a erudição freudiana vai notar que essa noção pertence mais a Breuer que a Freud.

17 *Ibid.*, p. 6.

brança (a terceira modalidade, na medida em que diz respeito às representações já neutralizadas, permanece aqui secundária – ainda que se trate de um grão de areia que se tornará um fato maior com a invenção da pulsão de morte). Em outras palavras, trata-se de *lethe-hipnos*, e não do *lethe-tânatos*. Logo, é logicamente que o princípio ordenador da operação terapêutica em breve será identificado como "princípio do prazer", isto é, de menor tensão, um princípio para o qual *lethe-hipnos* é um servidor zelado embora desajeitado e às vezes ineficaz.

Mas nos perguntamos: o que acontece após o sucesso da ab-reação e da elaboração associativa? Em que estado se encontra o sujeito? Qual é, então, sua relação com suas lembranças? Parece que sua vida não é mais então muito apaixonante, se é verdade que cada lembrança esteja desativada, dissociada de seus afetos. Sua vida teria se tornado agradável, isto é, rasteira, sem ondas, sem asperezas, sem implicações. Uma espécie de beatitude. E já essa consequência indica que, de qualquer modo, algo nessa problematização não vai bem. Como se ligam essas lembranças desativadas? Lacan, acho, nos deu a melhor fórmula da resposta. Em "Função e campo da fala e da linguagem", ele declarava que Freud media a integridade da cura pela continuidade da anamnese, precisando que se trata de rememoração, "isto é, de história" – esse semidizer tendo sua vertente de erro já que se trata de esquecimento, não de história. Depois, ele prossegue[18]:

> **Sejamos categóricos: não se trata, na anamnese psicanalítica, de realidade, mas de verdade, porque o efeito de uma fala plena é reordenar as contingências passadas dando-lhes o sentido das necessidades por vir...**

Lacan, de qualquer modo, deve um pouco se dar conta de que há problema, de que ele está fazendo de cada anamnese um delírio sistematizado, pois termina assim sua frase:

> **... tais como as constitui a escassa liberdade pela qual o sujeito as faz presentes.**

Logo, ele precisa introduzir uma pitada de liberdade no instante em que a expulsa toda! Com efeito, só existe história perfeita (do verbo "perfazer",

18 J. Lacan, *Écrits*, *op. cit.*, p. 256.

que Lacan emprega logo após – p. 261) na ordem totalitária da paranoia (estudaremos esse ponto com Yerushalmi). É dizer que essa história que resultaria da supressão dos recalques, da supressão dessas verdades que chamamos sintoma (cf. p. 259) é algo bem embaraçoso. O fato de a verdade que tiver sido levada ao saber dever, para acabar, inscrever-se como delírio basta para atestar que essa operação não resolveu o problema do esquecimento, o problema terapêutico. Devemos concluir, mesmo com o risco de avançarmos assim um pouco no sentido da *Einheipsychose*, que está excluído tratar o *lethe-hipnos* sem estar às voltas, queiramos ou não, com o *lethe-tânatos*.

Aliás, foi o que aconteceu com Freud. Num dado momento, Freud não pôde deixar de confirmar a incidência de *lethe-tânatos*. Então, inventou seu segundo dualismo pulsional, com essa concepção, que ele próprio dizia "mítica", segundo a qual a vida só queria ir para a morte segundo sua própria via. Ora, esse mito, se alguma vez foi o caso, não nos fala mais, tanto é verdade que nossa relação com a morte, com o domínio da morte seca[19], mudou a partir dos anos vinte. Não podemos mais ingenuamente, ainda que num mito, entificar a vida ao ponto de admitir que ela queira algo, e que ela negocie esse querer com a morte. Segundo o mito freudiano, *lethe-hipnos* diria à *lethe-tânatos*: – "De acordo, submeto-me, mas contanto que... eu permaneça mestre da via segundo a qual me submeto". Pois bem, não. Não há, essencialmente, nenhuma condição a apresentar nem apresentável a *lethe-tânatos*, ao apagamento. O indivíduo pode morrer bestamente, acidentalmente, por acaso, sem que nenhuma vontade intervenha nessa morte. Espécies vivas desaparecem, vegetais e animais, e o próprio vivo, como tal, poderia em breve não ser mais – o que a ecologia e a ficção, notadamente a ficção científica, presentificam doravante para cada um.

Concluamos sobre os dois esquecimentos freudianos. Tudo se passa como se, no nível de Freud, tivesse recrudescido a antiga distinção de duas espécies de esquecimentos, de *lethe-hipnos* e de *lethe-tânatos*. Mas há um acontecimento Freud no seio mesmo dessa distinção, aquele que Lacan constatará em 1955 ao iniciar em Viena a operação de seu "retorno a Freud". Ao definir o sintoma como ele o faz, Freud constata que alguns de seus contemporâneos ou contemporâneas não se safam recorrendo apenas ao *lethe-hipnos*, que um

19 Cf. Philippe Ariès, *L'homme devant la mort*, Paris, Seuil, 1977; Geoffrey Gorer, *Ni pleurs ni couronnes*, precedido de "Pornographie de la mort", Paris, EPEL, 1995.

sofrimento real volta a eles como numa reviravolta repentina. Esse retorno é uma verdade que surge, imprevista, de *lethe-hipnos*. Esse *lethe-hipnos* deve portanto ser situado não entre *lethe-tânatos* e *aletheia*, que, de imediato, veriam sua antinomia reduzida (Detienne), mas, visto a partir de *lethe-tânatos*, para além da *aletheia*. Ao se afastar ainda mais que a verdade de *lethe-tânatos*, ao se prestar ao esquecimento possível mais dificilmente ainda que a verdade, o recalque produz o quase-inesquecível. É assim que, num segundo tempo (com sua segunda teoria das pulsões), Freud teve precisamente de remontar até a *lethe-tânatos*. O que pode ser figurado assim:

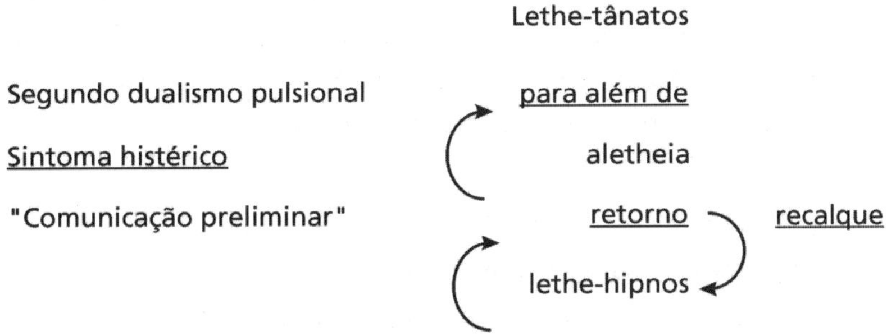

Tendo partido do sintoma-verdade, da *a-letheia*, Freud descobre que o recurso a *lethe-hipnos* decorre de uma operação de recalque-retorno do recalcado, depois deve chegar a incluir *lethe-tânatos* em sua doutrina (é o segundo dualismo pulsional). Assim, Freud confirmava que o eixo fundamental da problemática da verdade é constituído pela antinomia de *aletheia* e *lethe*.

Quanto aos dois modos do esquecimento, convoquemos a respeito deles Baudelaire, em quem se pode ler que, ao confiarmos resolutamente em *lethe-hipnos*, acabamos não só "mártir dócil, inocente, condenado", mas, mais radicalmente ainda, por sucumbir à "boa cicuta", aquela de *lethe-tânatos*. É, pois, "O Letes", do qual aqui estão algumas linhas:

Vem ao meu peito, alma traiçoeira,
Tigresa adorada, monstro feliz;
[...]
O abismo do teu leito eu almejo
Para engolir meu calmo sofrimento;

Na tua boca mora o esquecimento
E o rio Letes corre no teu beijo.

Meu destino, doravante delícia,
Perseguirei como um predestinado;
Mártir dócil, inocente culpado,
Cujo fervor estimula a sevícia,

Mas essa posição de *heautontimoroumenos*, que é aqui a própria erótica do recurso a *lethe-hipnos*, não é a saída verdadeira, a liberação daquilo que provocou o apelo a *lethe-hipnos*. Logo, haverá uma última estrofe, a indicação de que só *lethe-tânatos* proporciona a liberação.

Da gostosa cicuta e das nepentes* uma poção
Sugarei para afogar meu despeito
Nos bicos encantadores desse peito pontiagudo,
Que nunca teve um coração[20].

20 Charles Baudelaire, "Les épaves", pièces condamnées, in *Œuvres complètes*, La guilde du livre, Lausanne, 1967, p. 162. (Tradução de Jorge Pontual)

* Acrescentamos aqui "as nepentes", planta tida como droga do esquecimento. Allouch fará alusão a essa planta na terceira sessão. (NT)

SEGUNDA SESSÃO, SEXTA-FEIRA À TARDE

2. O FALO, TERCEIRO TERMO

Com Lacan, afirmamos que não há verdade da verdade (exceto em jogos de verdade com regras precisas e combinadas, como o lógico-positivismo); por outro lado, reconhecemos (os verbos diferem pois a operação não é a mesma) que há um esquecimento do esquecimento. Há, pois, uma dupla disparidade entre verdade e esquecimento, na presença/ausência do redobramento, mas também na abordagem de cada um desses termos, o que implica que só podemos inscrevê-los num mesmo gradiente aquém de um certo limite, para além do qual não há mais senão o esquecimento do esquecimento; logo, não há mais antinomia entre verdade e esquecimento. Esse gradiente, no entanto, é inscritível já que existe a antinomia *lethe-a-letheia*.

Os mestres de verdade de Detienne dá generosamente um pouco de carne a essas asserções. Mas a leitura desse livro também pode ressaltar que, nesse eixo verdade-esquecimento, intervém algo que determina a posição do sujeito, a saber, o falo. A diferentes posições do falo corresponderão tantas figuras diferentes da verdade.

Curiosamente, embora até nos exponha todo o material, a análise de Detienne não leva em conta essa incidência do falo. Seria esta no entanto, ao lê-lo, a erótica da verdade, uma erótica fálica. O que nos incita a acentuar a fórmula de Lacan, a acrescentar à "verdade" [*vérité*] um *g* minúsculo, um pequeno jato* fálico: não "Eu [*Moi*], a verdade, falo"[1], mas "Eu [*Moi*], a *vergité***, falo". Sobre esse solo, ou esse buraco comum que é o esquecimento radical, nenhuma fala pode ser proferida que não deva sua ereção ao falo.

Isto é perfeitamente claro, em Detienne, desde a primeira figura da verdade que ele nos apresenta, aquela em que ela teve seus mestres (eles a serviam!), depois nas figuras seguintes. Para ter imediatamente uma visão um pouco sinóptica do livro de Detienne, escrevamos a sucessão dessas diferentes figuras da seguinte maneira simples: M, H, S e P sendo quatro figuras da verdade que correspondem respectivamente à verdade dos mestres de verdade, àquela do grupo dos hoplitas, àquela dos retores e sofistas e àquela dos filósofos, após a reforma hoplítica (M ⇒ H); logo, desde a posição hoplítica, emergem duas figuras diferentes e contemporâneas da verdade, de um lado a dos retores e sofistas, do outro a dos filósofos.

$$\begin{array}{ccccc} M & \Rightarrow & H & \Rightarrow & S \\ & & & \Rightarrow & P \end{array}$$

Primeira figura da verdade, a verdade dos mestres de verdade

Algumas citações bastarão para que se perceba o falo, velado como se deve, mas levemente velado.

• p. 33: Pierre Vidal-Naquet já, em seu prefácio, indica que esses mestres não são independentes da verdade que eles ensinam, à diferença dos mestres modernos nas ciências exatas; depois, por contaminação, em outros lugares igualmente. Os mestres de verdade são falofóricos, senão faleufóricos. A fala deles é soberana. Tudo, aliás, confirma o tesão do mestre, até e inclusive este pequeno detalhe, este fato de que o erômeno realmente bem, aquele que os erastes mais apreciavam, devia ter, entre outros traços distintivos (o olhar, a

1 Jacques Lacan, "La chose freudienne", *Écrits*, Paris, Seuil, 1966, p. 409.

* Jogo homofônico entre *g* [ʒe] e *jet* [ʒɛ] [*jato*]. (NT)

** Ao acrescentar um *g* a *vérité* [*vergité*], o autor forma um amálgama com *verge* [vara, pênis] e *vérité* [verdade]. (NT)

cabeleira, as nádegas redondas) um pintinho pequeno[2]. Só o mestre fica teso em sua relação sexual com o erômeno.

• p. 42: Está em questão a raiz indo-iraniana *rta*, a verdade. *Rta*, diz Detienne, "também é a prece litúrgica, a força que garante o retorno das auroras, a ordem estabelecida pelo culto dos deuses, o direito". É difícil não reconhecer o falo.

O direito é fálico, como o próprio nome indica. Antoine de Baecque recentemente mostrava que a Revolução Francesa terá consistido (ela não foi, é claro, só isso, mas também foi isso), a partir da impotência de Luís xvi, em deslocar "a haste antiga" da soberania real (onde, portanto, ela faltava) àquela do direito (cf. o anexo a essa sessão). Em que ponto estamos hoje? A levar o domínio e o império do direito até o sexo, iniciativa sexológica que Michel Foucault recusava de antemão:

> **Chego àquilo sobre o que se deve lutar: a lei, a polícia nada têm a ver com a vida sexual dos indivíduos. A sexualidade, o prazer sexual não são critérios determinantes na ordem da polícia e da justiça. Mas a sexualidade não deve ser protegida como uma espécie de tesouro pessoal sobre o qual a força pública não tem de intervir, [...]**[3]

Ao querer legislar sobre o sexo, o direito aí se vê às voltas com algo como um ponto catastrófico. Se ele mesmo é um modo do falo erigido, o que quer dizer que tenhamos direito ao falo, logo, direito ao direito? Não há metafalo; o falo, cantava Brassens, é monolítico e ponto final. É notável que o sexólogo contemporâneo precise de um tal metafalo para, de certo modo, justificar sua existência de sexólogo, e que a psicanálise lacaniana, ela em todo caso, se atenha à não-existência de uma ciência do sexual, de um domínio do sexual. O caminho aberto por Lacan foi o de uma despersonalização do domínio, de uma redução do domínio a um bagaço significante. É uma operação extrema essa escrita do significante-mestre S_1, depois flecha: $S_1 \rightarrow$!

---

2 O traço é notado em *Les nuées* de Aristófanes (cf. François Lissarrague, "La vie sexuelle des satyres", *in Before Sexuality*, David. M. Halperin, John J. Winkler, Froma I. Zeitlin editors, Princeton, Princeton University Press, 1990, p. 56).

3 M. Foucault, *DE*, t. IV, *op. cit.*, p. 337.

Essa espécie de absolutização do mestre inscreve, na linha reta da conjunção operada por Lacan entre pulsão de morte e simbólico, que o único mestre doravante é um mestre absoluto, e é a morte.

• p. 50: Está em questão o laço entre a fala de verdade do poeta e *mousa* (a fala cantada, ritmada, laudatória), "uma dessas forças religiosas que superam o homem 'embora ele até experimente dentro de si a presença delas'". Sem comentário. Um pouco mais adiante (p. 56), Detienne nota que a fala cantada "é uma fala eficaz; ela institui por sua virtude própria um mundo simbólico-religioso que é o próprio real". Ele nota pouco depois (p. 58) que, nas teogonias e cosmogonias, a ordenação do mundo é inseparável dos mitos de soberania.

• p. 85: Essa soberania está particularmente bem encarnada pelo rei de justiça. A justiça não é um campo distinto da verdade: dizer o verdadeiro sobre alguém, um rei, um guerreiro que realizou façanhas, é fazer-lhe justiça. Como no Oriente Médio, diz Detienne, o rei de justiça, por sua virtude própria, "favorece a fecundidade do solo e dos rebanhos" (p. 86): "Na mão, o rei segura o cetro, garantia e instrumento da autoridade: pela virtude desse bastão, ele emite *temistas*, decretos, julgamentos que são espécies de oráculos". Sem comentário.

• p. 98: Essa fala realizadora também é a de Aquiles prestando juramento. Ela é "solidária com a virtude do cetro que a confunde com a afirmação oracular". "[...] como o bastão que afirma o poder, como os gestos de imprecação [essa fala] é uma força religiosa que age em virtude de sua própria eficácia". Detienne convoca o *Mahabharata*: o hino poético "brota e cresce", o *logos* de um homem pode crescer ou perecer.

• p. 102: A nota é aqui patognomônica da incidência do falo: "Essa fala oracular não é um reflexo de um acontecimento pré-formado, ela é um dos elementos de sua realização". Essa fala é *kranein*, uma ação natural cujo efeito não é exterior ao ato que o produz e que, nessa mesma medida, escapa ao esquecimento (pp. 105-106).

• p. 106: Outro traço eminentemente característico, essa fala não busca o assentimento do grupo social ou dos ouvintes. Ela evita, em outras palavras, essa masculina questão cretina de certos pós-coito inquietos: – "E aí?".

• p. 115: Nem mesmo falta, no material reunido por Detienne, a equivalência *girl* / falo: a sedução dessa fala, nota ele, é análoga àquela de uma mulher. Aliás, Vênus, além do nome da deusa, também era um nome comum para designar a relação sexual e o pênis[4].

Por que Detienne, que portanto reúne toda uma série de dados concordantes, não conclui pelo caráter fálico dessa fala de verdade? Se o tivesse feito, apostamos que isto lhe teria evitado concluir por uma oposição apenas relativa de *aletheia* e de *lethe*. Se, com efeito, essa verdade se erige, ela permanece tanto mais submetida à detumescência porquanto se quer mais firmemente erigida[5].

Segunda figura da verdade, a verdade dos iguais

Uma das teses de Detienne à qual seu leitor só pode subscrever é que essa fala laicizou-se no momento da reforma hoplítica, quando o dizer verdadeiro, quando a decisão voltou não a um mestre, mas ao grupo dos guerreiros. A verdade então mudou de regime. A fala de cada um é discutida; e cada um, ao falar, procura obter o assentimento de outrem. Daí toda uma série de problemas relativos à fala, que Detienne descreve com precisão.

O que acontece, então, com a relação da verdade com o falo? Seria um erro acreditar que ela foi anulada. O cetro está sempre ali presente, e cada um o pega no momento de falar ao grupo reunido em círculo, vindo instalar-se em seu centro para lá tomar a palavra[6]. A eficácia, no entanto, não está mais garantida.

4 Barbara Kellum, "Le phallus comme signifiant. Le Forum d'Auguste et les rituels de la masculinité", *in* Natalie Boymel Kampen, *Sexuality in Ancient Art*, Cambridge University Press, 1996, p. 179.

5 Isto lhe teria aberto outras interrogações relativas a esses mestres de verdade. Notadamente quanto ao poder dessa *vergité* sobre outrem, de que temos o sentimento, ao lê-lo, que Detienne a um só tempo o superestima e o idealiza.

6 M. Detienne, *op. cit.*, p. 140.

Logo, é num mesmo movimento que a *vergité* [vara + verdade] passa de mão em mão, não sendo mais essencialmente o atributo de ninguém, e que acaba não sendo mais, ela mesma, assegurada em seus efeitos. O agente falóforo não é mais um mestre, pois existe aquilo que Detienne chama "a soberania impessoal do grupo"[7]. Entretanto, sob nova forma, segundo essas novas modalidades (talvez diferentemente novas, aliás, do que diz Detienne, pois o mestre de verdade também não deixa de funcionar no impessoal[8]), o laço entre *aletheia* e o falo em nada é rompido. E, assim, a questão do esquecimento permanece a questão básica.

As figuras ulteriores da verdade

As figuras ulteriores e concorrentes da verdade se dividiram conforme uma linha de clivagem que pode se formular assim: a partir dessa *vergité* de que vimos dois modos (a verdade dos mestres e a dos hoplitas), de um lado a retórica e a sofística teriam guardado a vara sem a verdade (o discurso é uma força que age sobre outrem contanto que se saiba manejá-lo), do outro a filosofia teria guardado a verdade sem a vara (a verdade supostamente devendo impor-se a cada um pelo simples fato de que é verdadeira).

Assim, a relação entre a verdade e a vara é de fato mantida, nessa própria tensão, entre essas duas correntes opostas, uma tensão que devia atravessar pelo menos toda a Antiguidade. Mas há mais: não seria muito complicado mostrar, a partir daí, que em cada uma delas trabalha em surdina, intervém, na verdade, o que radicalmente ali se acha aparentemente excluído. Se, para Gorgias, a força do *logos* é imensa, se ele traz o prazer, se fascina, se transforma por encanto, se portanto não visa dizer a *aletheia*, não seria precisamente nisso que ele diria a *aletheia*? São os filósofos que dizem que não é este o caso! Mas a sofística talvez seja outra coisa que o que dela dizem os filósofos que a condenam. Quanto a estes últimos, que com Platão e muitos outros a verda-

7 *Ibid.*, p. 141.

8 Quando Detienne nota que a fala jurídica e filosófica futura se submeterá, como já aquela dos guerreiros, à publicidade, ele joga com uma oposição a nosso ver forçada na medida em que ela supõe que a fala dos mestres de verdade não está submetida a nenhuma publicidade, o que parece errôneo a todo leitor do *Chiste e suas relações com o inconsciente*, obra em que a função do público é colocada como estrutural.

de da ideia tenha como regime o da reminiscência não parece muito atestar um desprendimento completo da verdade e do falo. Logo, bem teríamos de um lado um *logos* fálico não sem a verdade, do outro uma verdade ideal não sem o falo.

Depois de descrever o momento em que o *logos* torna-se uma realidade autônoma, momento da laicização da fala que marca "o ato de falecimento da fala eficaz"[9] (fálica, portanto), Detienne se pergunta (p. 157): o que acontece, então, com a *aletheia*? Ele distingue as duas soluções que acabamos de dizer, a das Seitas filosófico-religiosas e a da Sofística e da Retórica.

Nessa nova paisagem do século v grego e dos seguintes, nossa pergunta a Detienne permanece a mesma: o caráter fundamental do eixo *aletheia – lethe* é modificado? Essa pergunta deve tanto mais ser mantida porquanto Detienne intitula seu sexto capítulo de uma maneira que vai frontalmente contra essa tese ao afirmar que uma nova escolha então se apresenta: "a escolha *Aletheia* ou *Apate*", verdade ou enganação. Convém, evidentemente, segundo suas próprias distribuições (universitariamente clássicas), encarar o problema em cada um dos dois polos opostos.

A. Nas seitas filosófico-religiosas

Nossa questão não se coloca em relação às seitas filosófico-religiosas, origem do pensamento racional, já que, nelas, o próprio Detienne apresenta uma nova forma da oposição *aletheia lethe*. Segundo o que mais tarde dirá Plutarco, na Planície da verdade (pensemos aqui em Heidegger) "jazem imóveis os princípios, as formas, os modelos daquilo que foi e de tudo o que será". A função da manutenção filosófica será de nos pôr na memória o espetáculo dessa Planície. Cada um pode ali encontrar seu alimento (com o risco de ser transformado em lactente, o que ninguém parece perceber). Quem tiver visto essa realidade verdadeira (των αληθων) escapará ao ciclo dos renascimentos; por outro lado, ficará presa na roda dos nascimentos a alma que não tiver visto e que permanecerá cheia de esquecimento. Detienne nota bem que "a oposição da Planície de *Aletheia* e da Planície *Lethe* não é uma fabulação especificamente platônica[10]". Ele discerne, entre essas duas Planícies, uma

---

9 M. Detienne, *op. cit.*, p. 155.

10 *Ibid.*, p. 184.

verdadeira contradição, uma escolha exclusiva[11]. A antinomia *aletheia lethe* está aqui em ação do modo mais manifesto.

Sobre esse registro filosófico-religioso, nota ainda Detienne, *aletheia* não é mais a fala eficaz da poesia arcaica mas uma força abstrata que simboliza um real intemporal "que se afirma como o Ser imutável e estável"[12]. Esse verdadeiro-real torna-se até o padrão de qualquer outro real, definido pelo tempo, pela morte, pelo esquecimento. Parmênides dirá essa expressão de eros da maneira mais condensada: a verdade é que o ser é e o não ser não é[13].

Ora, essa abstrata *aletheia* do ser se faliciza à medida mesma da importância da exclusão do falo como corpo fértil. "Ser" [em francês, *être*], a raiz é *st*, que encontramos no espanhol *estar*, no latim *stare*, no inglês *to stand*. Estar [*Être*] é estar de pé, ereto. Assim, o falo funciona ainda do lado de *aletheia*, ao passo que *lethe*, diríamos em nossos termos, tomado em objeto pequeno *a*, vê-se rejeitado, mas vê-se também e, por isso, constituinte dessa verdade fálica enquanto rejeitado. Para acabar com o esquecimento, com o contrário da verdade, eliminou-se o tempo!

B. Entre retores e sofistas

Se, entre os filósofos, o eixo *aletheia-lethe* permanece o eixo maior da problematização da verdade, o que ocorre entre aqueles em relação aos quais eles se distanciam como figuras inimigas, os sofistas e os retores? E o que acontece, entre eles, com o lugar do falo?

O capítulo que Detienne dedica à apresentação da escolha *aletheia* ou *apate* é suscetível, formalmente, da mesma crítica que aquela que desenvolvemos a respeito de seu posicionamento das duas espécies de esquecimentos. Detienne endurece um pouco demais as oposições conceituais, o que o leva, em seguida, a distribuir os termos conforme uma ordem a nosso ver contestável, acabando por forjar relativamente falsas oposições. Também seria este o caso de *aletheia* e de *apate*. Detienne não se pergunta se pode haver enganação sem que, para se constituir como tal, esta apele para a verdade. Ora, se há bem necessariamente uma referência à verdade em e para a enganação,

11 *Ibid.*, pp. 189-190.

12 *Ibid.*, p. 194.

13 *Ibid.*, p. 198.

dificilmente se pode distribuir a *apate* do lado da *doxa* e a ausência de *apate* do lado de *aletheia*.

A fala, com efeito nova, dos sofistas e dos retores, cujo falicismo é posto a serviço do governo de outrem (diria Foucault), de fato não pretende nem dizer a verdade em seu ato de fala (caso dos mestres de verdade), nem se dar a verdade como objetivo (caso dos filósofos) como quando caminhamos na floresta esperando chegar à Planície da verdade. O fato é que a posição filosófica foi objeto de uma inversão, que se tornou clássica, segundo a qual os filósofos, com sua verdade como objetivo, não procedem, no fim das contas, de modo diferente dos sofistas. Eles também caíam, aos olhos até dos gregos, num comércio menor. John Winkler, por exemplo, escreve isto:

> **Sabemos que tipo de personagens possuía uma autoridade cultural numa típica assembleia de cidadãos atenienses no tempo de Platão [...]: Homero, Hesíodo, Tirtaios, Sólon, Sófocles, Eurípedes. Sócrates, Platão, Aristóteles e seus semelhantes não contam para nada nesse contexto. Atenas era uma sociedade na qual os filósofos em geral eram desconhecidos e, quando notados, eram facilmente considerados não figuras de autoridade mas excêntricos e bufões[14].**

A escolha entre *aletheia* e *apate* não pode portanto ser considerada como se tomasse o lugar daquela entre *aletheia* e *lethe*, até entre sofistas e retores. Ao contrário, a maneira como usam a fala, ao se darem como objetivo o governo de outrem, parece mais próxima de um reconhecimento de *lethe*, logo, de uma certa verdade do esquecimento, do que sua negação sistemática numa teoria da reminiscência bem em dificuldade de mostrar sua capacidade.

UMA OUTRA ESCRITA DA FUNÇÃO FÁLICA

Lendo Detienne, estabelecemos, com ele e, às vezes, contra ele, os dois pontos que vão importar posteriormente: de um lado que o eixo maior do problema da verdade é constituído por seu laço com o esquecimento, por outro lado que o falo, no jogo das diversas figuras compostas por *aletheia* e

14 John Winkler, "*Layins down the Law*", in *Before sexuality*, coll., Princeton, Princeton University Press, 1990, p. 172.

lethe, é sempre interveniente.

Talvez não haja melhor maneira para estudar comparativamente essas diversas figuras da verdade que tentar formalizar como elas se situam umas em relação às outras. E, já que se trata de figuras onde isolamos de que maneira o falo entra cada vez em função, nada parece mais bem indicado, para tal formalização, que aquilo que Lacan chamou a função fálica.

1. Uma função sem valores

Nas "fórmulas da sexuação" tais como são encontradas, por exemplo, no seminário *Mais, ainda*, Lacan não trabalha a função fálica enquanto função no sentido matemático desse termo. Ele escreve:

lado homem	lado mulher
$\exists x . \overline{\Phi x}$	$\overline{\exists x . \Phi x}$
$\forall x . \Phi x$	$\overline{\forall x} . \Phi x$

O $\Phi(x)$, em jogo nessas quatro fórmulas, é marcado pelos seguintes quatro quantificadores: "existe um x", "para todo x", "não existe x", e "não todo x". Mas essas quatro determinações, que definem outras tantas posições diferentes, não impedem que o $\Phi(x)$ seja mantido, a cada vez, como um bloco literal permanente. Basta olhar essas quatro fórmulas para constatar isso. Mesmo quando é negada, escrita não $\Phi(x)$, como é o caso nas duas fórmulas ($\exists x . \overline{\Phi x}$) e ($\overline{\exists x . \Phi x}$), essa função fálica permanece, sintaticamente, o que ela é. Assim, nunca se encontra, em Lacan, $\Phi(a)$, $\Phi(b)$, $\Phi(c)$, … $\Phi(n)$.

Seja, por exemplo, a função parabólica $y = (x+a)^2 + b$. A cada ponto dessa curva correspondem dois pontos perfeitamente determinados sobre os eixos das coordenadas. Se, por outro lado, partirmos dos eixos, temos isto: considerando um valor em ordenada, teremos, de maneira também perfeitamente determinada, um ou dois valores em abscissas, ao passo que, dado um valor em abscissa, teremos um valor em ordenada. Embora fale de uma "função fálica", Lacan em nenhum momento joga assim com ela. Ele não faz um uso algébrico da dita função.

Assim é que, em nenhum momento, tampouco ele se serve da escrita dessa função para associá-la àquela de uma outra função numa fórmula algébrica complexa.

Enfim, quais são os eixos de coordenadas dessa função fálica? Lacan nunca os identificou.

Não discutiremos aqui em que sentido o próprio termo "função" na expressão "função fálica" poderia ser justificado, ou contestado, em Lacan. Trata-se de uma função fregeana? Estritamente falando? Como são dados a ler os quantificadores? Aristotelicamente, como se se tratasse de indivíduos? Fregeanamente? Parece, nem uma, nem outra dessas duas diferentes leituras convém totalmente.

Enfim, outro problema margeia essas já grandes dificuldades: o que acontece com essa função fálica quando, com o nó borromeano, não é mais a "função" mas o "gozo" fálico que se acha preso no ternário que ele constitui com o gozo do Outro e com o sentido?

Nossa aposta, nosso partido vai estar um pouco na tangente desse conjunto de questões até agora mal esclarecido. Ele consiste em jogar de maneira algébrica com a função fálica, ou antes, em começar a fazê-lo, iniciativa que, é claro, se julgará notadamente por sua fecundidade.

Assim, se é verdade que cada figura da verdade está ligada a um certo valor fálico, decorrerá dessa aposta que as variações desse valor fálico contribuirão para discriminar as figuras da verdade às quais esses valores estão correlacionados. Ao que, portanto, corresponderiam essas variações? Se a totalização não fosse abusiva (mas ela é), poderíamos aqui falar do falo em *todos* os seus estados. Com efeito, nada diz que esses estados sejam totalizáveis, nem mesmo que um primeiro inventário que se possa fazer disso fique um pouco próximo da exaustão. Sabemos, apenas, tratando-se desses estados que seriam outros tantos valores determinados da função fálica, que existem alguns. Um falo ereto não é um falo cansado. Um falo em período refratário não é um falo pronto para levantar-se, ainda que tenham um semelhante aspecto físico. Um falo que se exibe não é o mesmo que um falo comprometido na trepada, aí ainda, a despeito de um mesmo aspecto físico. E um falo símbolo, tipo "haste antiga", um cetro, é ainda outra coisa. Etc.

Sentimos que há nessa maneira que temos de abordar essas questões fálicas um aspecto abracadabrante, absurdo, beirando o cômico, que não é o menos surpreendente. Entrevemos que estamos em terreno mal balizado, que faltam os marcos, que também faltam os meios de constituí-los. Esse momento de nosso percurso, em sua estranheza, é precioso, e não vamos estragar as coisas reduzindo-as o mais rápido possível ao pretensamente conhecido, por exemplo à distinção de Φ e de Φ, do falo imaginário e do falo simbólico.

Logo, se a verdade é privação de esquecimento e se a verdade se compõe em diversas figuras em razão de seu falicismo, os diversos valores atribuíveis à função fálica vão não só determinar um certo jogo de verdade mas também um certo modo do esquecimento. Isto é a fórmula geral na qual atualmente desembocamos.

2. Dois eixos para a função fálica e quatro valores fálicos da verdade

Essa fórmula nos dá um primeiro eixo para a algebrização da função fálica; convenhamos que se trata do eixo das abscissas. Sobre esse eixo, à verdade absoluta, isto é, absolutamente erigida, corresponderia uma dominação não menos absoluta do falo, ao passo que à privação de verdade, que ao esquecimento, portanto, corresponderia o falo cansado do período refratário – aquele que talvez seja o que se faz de melhor, em matéria fálica, como realização do objeto pequeno *a*[15]. Trata-se de dois valores limites, correspondendo a duas impossibilidades: de um lado a impossibilidade de uma verdade absoluta que também seria uma dominação absoluta do falo (fantasia histérica do mestre absoluto, como se houvesse um outro que a morte), do outro a impossibilidade de um esquecimento radical fundado numa espécie de eternização do período refratário que, justamente, perde todo sentido ao perder suas bordas (fantasia obsessiva de uma vida fora do tempo, como se houvesse outra que sexuada).

A escrita da função fálica aqui proposta exige um segundo eixo de coordenadas. Se o eixo das abscissas cifra a antinomia verdade-esquecimento, o que cifrará o das ordenadas? A resposta nos é dada pelo próprio material com o qual estamos às voltas, notadamente em Detienne, em que fica claro que a ereção da verdade ora está situada do lado do sujeito, ora deixada ao... mas aqui, como escrever?, ao... Outro? Ou então ao... outro (o "pequeno

---

15 Este ponto é desenvolvido por Lacan em seu seminário *A angústia*.

outro" imaginário, oposto ao "grande Outro", simbólico[16])? Ou ainda a um O/outro real? Escreveremos "[...] deixada ao... otro" de modo a guardar a ineliminável ambiguidade desse termo ali onde essa ambiguidade não pode ser suprimida (por exemplo, num bom número de passagens do seminário *A angústia*) mas também, outra vantagem dessa manutenção das ambiguidades conceituais, de maneira a não dizer, aqui, de antemão, de que otro pode se tratar em cada valor fálico da verdade.

Agora definidos esses dois eixos, vejamos, com Detienne, como se situam os quatro valores fálicos M, H, S, P, por um lado em relação ao eixo verdade-esquecimento, por outro lado em relação ao eixo sujeito-otro.

Uma complicação se apresenta em razão das duas espécies de esquecimentos: se aquilo a que a verdade se opõe é, fundamentalmente, *lethe-tânatos*, *lethe-hipnos*, em compensação, também estará livre para se deslocar sobre o eixo verdade-esquecimento, aliando-se ora a *lethe-tânatos*, ora à verdade. No tempo dos jogos eletrônicos, nada é mais fácil de imaginar que a abertura de uma pequena janela (a de *lethe-hipnos*) aqui ou então ali, conforme o valor fálico que for eleito.

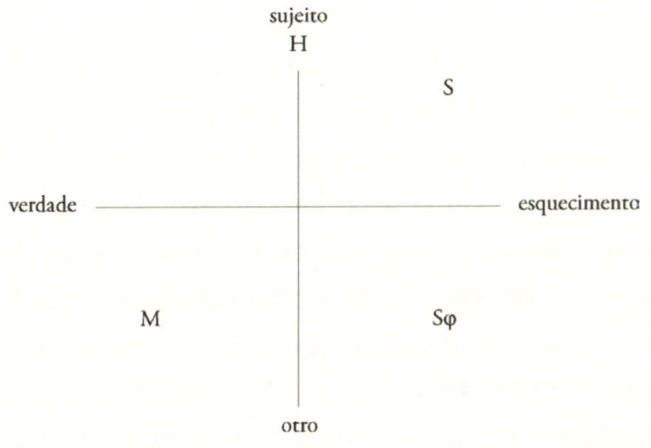

M = Mestre da verdade S = Sofistas
H = Hoplitas

Alguns valores da função fálica
Esquema 1

16 Notou-se que, ao dizer O Outro "grande" (e não, por exemplo "maiúsculo" como devem ter decidido falar os hispanófonos) e o outro "pequeno", é a própria oposição do Outro simbólico e do outro imaginário que é imaginarizada? Que, portanto, a recusamos um pouco no próprio ato de expô-la?

A verdade dos mestres da Grécia arcaica é a de uma fala fálica em ato, performativo, se podemos dizer. Fala de um falo assegurado de sua própria eficiência e opondo-se diretamente ao *lethe-tânatos*. A verdade luta contra *lethe-tânatos* com uma arma que não é nula, ainda que não seja absoluta, a saber, a reputação, o *kleos* de cada um, supostamente capaz de a ele sobreviver de geração em geração. Verdade e falo trabalham juntos contra *lethe-tânatos*. A verdade está do lado do otro, o mestre (que não intervém por conta própria mas por outrem). E a espécie de hipnose que supostamente mantém indefinidamente esse *kleos* indica que a pequena janela de *lethe-hipnos* se esclarece do lado da verdade. Assim, inscrevamos esse M à esquerda do quadro (lado verdade) e no andar inferior (nível do otro).

A verdade dos hoplitas também é a de uma fala possivelmente eficaz, mas que não o é mais imediatamente nem sobretudo necessariamente. Além disso, a eficácia dessa fala será experimentada, no fim das contas, não em sua perpetuação através das gerações, mas primeiramente num ato (guerreiro) que ela antecipa, que ela prevê, mas que pode afigurar-se diferente da que ela havia concebido, que pode notadamente fracassar. Daí, em relação aos mestres de verdade, uma relação duplamente diferente com o esquecimento. Por um lado, essa fala passou ao nível do sujeito (vamos inscrevê-la na parte alta do quadro). Por outro lado, ela não é mais de imediato inesquecível, já que se coloca a questão, uma vez que há um jogo entre fala e ato, de saber a que se deve o não-esquecimento oferecido pelo *kleos*: será à fala antecipadora do ato, ao próprio ato, ou ainda ao relato do ato? Já que o valor fálico oscila entre verdade e esquecimento, não vamos inscrevê-lo nem do lado da verdade nem do lado do esquecimento, vamos portanto inscrevê-lo no próprio nível onde o eixo sujeito-otro cruza o eixo verdade-esquecimento. Quanto a *lethe-hipnos*, essa mesma certeza relativa ao acesso ao inesquecimento indica que ele intervém a serviço de *lethe-tânatos*. No lugar de seu próprio definitivo apagamento, o hoplita se obnubila e se esforça para disso escapar.

A verdade dos retores e dos sofistas. Segundo esses técnicos do *logos*, a força do discurso é imensa; o discurso é instrumento (por exemplo, em política, ele permite persuadir, enganar, lisonjear, acalmar, etc., em suma, obter de outrem a decisão que desejamos). Seu valor fálico deve portanto ser situado no nível do sujeito. Mas ele não é instrumento de conhecimento do real. Ele não tem de dizer a verdade. Há, escreve Detienne (p. 180), "desvalorização de *aletheia*". Fato notável: quando a fala é assim explicitamente colocada em jogo enquanto função fálica contando apenas consigo mesma, com suas virtudes e sua eficácia próprias, a verdade de certo modo é expulsa, a ela se roga que não intervenha: ela deixa lugar à *doxa*. Ora, no mesmo passo, também é posta de lado uma certa obsessão do esquecimento (o fato de que, entre os hoplitas, *lethe-hipnos* era uma espécie de complemento a *lethe-tânatos*). Assim, Detienne faz do poeta Simônides o precursor, o iniciador até, dessa relação dessa fala falicizada com a verdade e com o esquecimento radical. Inventando não só o alfabeto mas também a mnemotécnica, Simônides manifesta, ao colocá-la em ato, sua liberdade para com *lethe tânatos* – que não é mais, como no tempo dos mestres de verdade e dos hoplitas, o que obnubila o sujeito. Como Wittgenstein para os problemas filosóficos, Simônides resolve a questão *aletheia / lethe-tânatos* não a colocando mais. A fala falicizada vai jogar com *lethe-hipnos* para dele tirar proveito na ação sobre outrem ao passo que a *aletheia* e *lethe-tânatos* se roga que vão passear. Logo, S se inscreve muito à direita do quadro do lado do esquecimento, quase reencontrando aquilo a que o quadro só dá um lugar alusivamente, esse extremo do esquecimento que é o esquecimento do esquecimento, esse ponto onde, se colocássemos esses eixos sobre uma esfera, veríamos, por trás daquilo que aqui é dado a ver, o esquecimento do esquecimento encontrar a verdade, ser a verdade, da mesma forma que a verdade ali se afigura ser nada mais que o esquecimento do esquecimento – o que notávamos ao ressaltar que é no mesmo passo que a *aletheia* e *lethe-tânatos* se roga que vão passear.

A verdade filosófico-religiosa é uma verdade que poderíamos dizer contrafóbica, habitada pelo discurso dos retores e sofistas. Ao preço de rejeitar a força da fala, *Peitho* (cf. Detienne, pp. 109-115, 128), divindade todo-poderosa sobre os deuses igualmente, à qual só a morte resiste, já que é poder associado a Afrodite pois ela tem o encanto, a beleza, a doçura, a fascinação de uma mulher, as seitas se reapropriam da oposição *aletheia – lethe-tânatos*. Mas essa oposição não é mais aquela dos mestres de verdade. A escolha que elas instalam, uma escolha que Detienne claramente valoriza, inventa a contradição, isto é, a própria racionalidade da lógica. Resta que terá sido preciso, para isso fazer, pôr a força fálica da fala do lado de *lethe – lethe-hipnos* e *lethe tânatos* estando assim novamente associados. Os filósofos não atribuem mais valor fálico à verdade. A verdade se torna... um ser, o próprio ser. "O ser é, eis a *Aletheia*", dirá Parmênides. E permitir a cada um ter acesso a isso passará por uma via de contraesquecimento: inventaremos, contra esse *lethe* ao qual muito se concedeu ao ligá-lo a *Peitho*, algo que importará ao psicanalista já que isso se chama anamnese. Esse ser imutável, eterno, desencarnado, fora do campo da força fálica da fala, eis o gênero de verdade a que conduz a anamnese. A verdade é relembrar, e acrescentemos: o amor (platônico) da mesma forma. Logo, ela está do lado do otro, o que inscreve a oposição S / SΦ.

Podemos portanto concluir este ponto, depois concluir sobre a função fálica. Nossa leitura de Detienne terá estabelecido dois traços essenciais referentes à verdade. Por um lado, ela se opõe bem ao esquecimento, isto sejam quais forem suas diversas figuras (e vamos breve inscrever outras, inclusive Lacan); por outro lado, vimos que, em cada uma dessas figuras, o falo intervém. Isto dá algum peso à aposta erotológica aqui iniciada, aquela que se refere à possibilidade de escrever a posição do sujeito em relação à verdade com um valor da função fálica. Evidentemente, essa mesma aposta deverá ser novamente posta em ação com outras figuras da verdade.

Quanto à escrita da função fálica, como constatamos, não escrevemos uma bela curva à qual corresponderia uma equação relativamente simples. Apenas dispusemos, de modo bem aproximativo, alguns pontos talvez suscetíveis de se inscrever numa uma curva relativamente simples (o que restará a provar enquanto isso não for feito) ou de ser tratados algebricamente como o fazemos com nuvens de pontos. Por enquanto, essa algebrização, em que contam sobretudo as posições das diversas figuras umas em relação às outras e a posição de cada uma em relação aos dois eixos, é antes fraca. Não é, justamente, sua qualidade?

ANEXO: SOBRE O "DIREITO"

O falicismo do direito, que esteve em questão como que *en passant*, apareceu claramente durante a Revolução Francesa. Por que são deixados de lado, nos relatos que dela se propõe para nossa edificação de cidadão, o fato de que a promoção dos direitos do homem apoiou-se explicitamente na impotência, a um só tempo tenaz e (na época) sabida de todos, de Luís xvi? Não nos falaram muito na escola de sua "debilidade", como se dizia, e é notável que seja recentemente apenas que dela se tenha escrito a história[17]. Esse relato nos ajuda a fazer o esforço que é necessário para se pôr no contexto da ereção (é a palavra) desse direito.

Para lê-lo, convém ter notado que os três signos dos Bourbons, fênix, o sol, o lírio branco (este último, tão caro a Marguerite Anzieu) são outros tantos signos de fertilidade, de continuidade, de não corte (a despeito das sucessões), em suma, outros tantos signos de um falo real transmissível, daquilo que era chamado, seguindo a metáfora do rei jardineiro, a "haste antiga"[18]. E como não evocar aqui que a dita haste encontra-se, no presente momento, no centro da atualidade, com a relação "*not appropriated*" de um Bill Clinton? – "Com efeito!", teria respondido Lacan a respeito desse *not appropriated* que um tecido de circunstâncias juridicamente antes malucas e simbolicamente felizes pôs na boca do presidente dos Estados Unidos. Esse termo define com bastante justeza o estatuto do sexo. O chefe da maior potência mundial, dizem-nos, tem problemas em razão de sua haste antiga, problemas é verdade inversos daqueles de Luís xvi. Luís impotente era a impotência do reino, ao passo que não sabemos muito bem determinar ainda (o assunto estando em curso – deve-se dizer) se a determinação de um Clinton fodedor inveterado[19] funciona no sentido de uma força, de uma impotência do império, ou então ainda do ridículo que haveria hoje em querer que o domínio de uma nação so-

17 Cf., em seguida aos trabalhos de Ernst Kantorowicz, Antoine de Baecque, *Le corps de l'histoire, Métaphore et politique (1770-1800)*. Paris, Calmann-Lévy, 1993. Os dados históricos acima são retomados nessa obra. Ela no entanto pede uma observação: por que colocar os acontecimentos relatados apenas na conta da metáfora? A impotência real não intervém apenas como uma metáfora; ela é real, tão real quanto um sintoma. Certo, A de Baecque apela para a metáfora em nome do fato de que ele estudaria não a história, mas a história que os atores da história se contaram, embora até fizessem a história. Mas o próprio conceito de representação, que ele utiliza a esse respeito, a isso responde um pouco, se é verdade, como ele mesmo indica na página 20, que o "re" não é apenas o indício de uma substituição (metafórica? Apenas metafórica?) mas também o "re" que redobra, aquele que marca uma intensificação da apresentação. Aliás, desde o início de sua problematização da metáfora em jogo (p. 12), A. de Baecque introduz uma flutuação entre metáfora e designação.

18 A. de Baecque, *op. cit.*, pp. 54, 55.

19 Psiquiatras americanos chegaram até a identificar esse comportamento a uma "conduta obsessiva"! Cf. David Maraniss, "Les démons de Clinton ont une longue histoire", *Le Monde* de sexta-feira 30 de janeiro de 1998, pp. 12-13. Esse artigo dá a série dos "fodedores" presidentes: Kennedy, Johnson (com sua "peça para a nádega" a serviço de uma concorrência notória que tinha por referência o número das conquistas realizadas por Kennedy), Clinton, série que tem valor de indício da insistência de uma solidariedade entre esses falos agitados e a função "preside em céu".

bre o mundo fosse medido pela atividade genital de seu presidente. Resta que, a se crer no interesse que lhe dão, essa haste, sejam quais forem os dispositivos que a exibem ou a velam, é um elemento a um só tempo e indissociavelmente social e íntimo em cada súdito de S. M. (breve veremos que a escrita S/M não é mal-vinda, longe disso). Talvez até possamos ir mais longe, dizer que cada ereção põe em jogo mais ou menos a haste antiga, ao ponto que Lacan pôde dizer que a fertilidade é um horizonte de todo ato sexual. A fertilidade como tal não é aquela de um falo específico (com seu aspecto particular) mas a *do* falo, aquele que não pertence a ninguém, senão justamente ao soberano – como o caduceu, bastão com o qual Hermes "encanta como quer os olhos dos mortais"[20].

Ainda pouco antes da Revolução Francesa, a respeito do jogo dessa haste antiga no casal real, os diplomatas não deixavam de precisar "o estado da união"[21], a do casal real. Ela suscitava um interesse muito vivo. Assim, a noite de núpcias, entre os Bourbons, era pública; da mesma forma, os nascimentos[22]. Justamente, Luís XVI e Maria Antonieta inauguram ao tentar, nesse lugar, constituir para si uma intimidade (aquela que hoje reivindica Bill Clinton!). Falta de sorte, dirão. Mas não, justamente, pois ao assim fazerem, eles perceberam e talvez até deram o pontapé inicial daquilo que os esperava. E, com efeito, a preocupação que tinham com o pudor não impediu que, praticamente desde o casamento, isto é, quando Luís ainda era só o delfim, logo, desde 1770, quando ele só tinha dezessete anos (o que não quer dizer a mesma coisa em 1998), sua "debilidade" fosse notória. Serão necessários sete anos para que nasça o primeiro filho, após uma intervenção eficaz, na primavera de 1777, junto a Luís, tornado nesse meio tempo o "rei-sono*", de José II, irmão de Maria Antonieta e imperador da Áustria. Eis a análise clínica do caso pelo irmão e cunhado dos primeiros interessados:

> **Em seu leito conjugal** – *escreve José II enquanto clínico prevenido* – **ele tem ereções muito bem condicionadas, introduz o membro, permanece ali sem se mexer dois minutos talvez, retira-se sem nunca des-**

---

20 Cf. Françoise Frontisi-Ducroux, *Du masque au visage, aspects de l'identité en Grèce ancienne*, Paris, Flammarion, 1995, p. 82.

21 A. de Baecque, *op. cit.*, p. 58.

22 *Ibid.*, pp. 57, 65.

* Trocadilho entre *roi-soleil* [o rei-sol Luís XIV] e *roi-sommeil* [rei-sono]. (NT)

> **carregar, sempre teso, e dá boa-noite. Não dá para entender, pois com isso ele às vezes tem poluções noturnas, mas no lugar e trabalhando jamais, e fica contente dizendo simplesmente que só fazia isso por dever e que não havia gosto algum: ah! se eu tivesse podido estar presente uma vez, eu bem o teria arranjado, seria preciso agarrá-lo e empurrá-lo teso, ou chicoteá-lo, para fazê-lo descarregar porra feito os asnos. Minha irmã, com isso, tem pouco temperamento e eles são dois francos desajeitados juntos[23].**

A julgar pelo resultado, deve-se crer que José chicoteou Luís, pelo menos moralmente.

No entanto, nem o nascimento que veio após esse divertimento S/M a três mais o falo, nem o nascimento seguinte, desta vez do menino tão esperado, puseram fim à impotência real. O paralelo logo é feito com a fraqueza moral de Luís. E Antoine de Baecque, que nos relata tudo isso, intitula seu capítulo seguinte: "Do "real frouxo" ao "direito*" do homem". É que o problema dessa impotência é indissociavelmente privado (familiar) e político, e social. Assim, a debilidade do gordo "rei porco", do nome do animal "cortado" [capado] que come e bebe sem parar em vez de trepar, após ter permitido dar da fuga em Varennes uma interpretação lamentável (é o *decampativos*[24], um termo que joga com os registros sexual, militar e político), uma interpretação não destrutiva para com o povo, vai intervir como um dado maior na constituição monárquica que então se instala. O legislativo (nas mãos dos deputados, isto é, dos "melhores fodedores do reino", sim, sim, houve um tempo em que se falava assim) será forte, e o executivo (o rei, portanto), débil. O constitucionário Barnave leva a melhor, justamente ressaltando que a fraqueza do monarca é a condição do equilíbrio constitucional[25].

23 Citado por A. de Baecque, *op. cit.*, p. 62.

24 A. de Baecque, *op. cit.*, pp. 89-90. Dez anos antes, em 1780, tratava-se de um jogo erótico na corte, que consistia em cornear o rei. Num trono de samambaias, um personagem representando o rei ordenava aos casais que sucessivamente se apresentassem: – "*Decampativos*!". Com isso, o casal devia dar o fora bem rápido e não sair antes de duas horas do bosque onde se refugiava. Durante esse tempo, o "rei das samambaias" bebia. Os médicos pensavam que, melhor que uma cura termal, um *decampativos* (aqui tomado como *pharmakon*) faria mais efeito à rainha para essa segunda gravidez da qual se esperava um filho macho.

25 *Ibid.*, pp. 95, 96.

* *Droit* [direito] em francês também quer dizer ereto, de pé. (NT).

Nesse contexto, não ficaremos mais surpresos que os direitos do homem (em outras palavras, o que é anterior à própria constitucionalidade, observa A. de Baecque) tenham sido declarados num ato dito de "transferência seminal"[26] do rei ao povo. Os direitos do homem foram "um novo e poderoso poder de foder e de procriar". Foram até categoricamente caricaturados, transportados pelas ruas de Paris, sob o aspecto cru de um falo. Todo o material que ele nos traz mostra que Baecque tem razão de falar dos direitos do homem como de um "talismã erótico"[27], que honramos masturbando-o, na espera de sua semente política (cf. uma outra revista em quadrinhos: "A democrata"). Eis, pois, as três gravuras produzidas no livro assinado A. de Baecque a respeito dessa transferência seminal: I. a impotência do rei, II. a masturbação dos direitos do homem, III. a idolatria coletiva dos direitos do homem em falo.

Ah! Malandrinho, você broxou

A democrata
O triunfo do direito do homem

26 *Ibid.*, p. 75.

27 *Ibid.*, pp. 75-76.

TERCEIRA SESSÃO, SÁBADO DE MANHÃ

Como pôde acontecer que, partindo da notação de que "a histérica sofre de reminiscências", tenhamos muito cedo chegado a querer acrescentar-lhe a questão da lembrança? Como se explica que, partindo do sintoma como verdade, tenhamos muito cedo chegado a buscar a verdade do sintoma? O viés, para a instalação desse formidável e duplo mal-entendido, é identificável. Seu nome é inconsciente. Por isso não é um acaso se foi apenas depois de Lacan ter questionado a hipótese (ao transliterar seu nome em: *unebévue*) que estejamos em condição de remontar até a fonte, até identificar essa virada pela qual um voto de esquecer tornou-se exigência de rememoração, uma verdade aceita, adquirida, tornou-se busca da verdade.

Essa verdade, vimos com Detienne, erige-se contra o esquecimento, o que dá um jogo de três termos: verdade, falo, esquecimento. Outra maneira de estudar os jogos possíveis desses três termos é partir do esquecimento. Encontraremos, daí, a antinomia do esquecimento com a verdade e o papel determinante do falo em seus diferentes estados? Talvez só depois sejamos capazes de efetuar algumas sondagens em Lacan relativas a essa mesma questão e às sucessivas respostas que ele a isso pôde trazer.

VERSÕES DE ESQUECIMENTO

1. *Powys / The art of forgetting the unpleasant*[1]

Trata-se de um texto de 1928 que, por sua problemática, pode legitimamente ser situado entre Nietzsche e Freud, de um escrito que levou em conta Nietzsche e não reconheceu Freud. Isso não impedia Powys de ter, por sua vez, formulado o "princípio – moral – de prazer". Assim, se não reconheceu Freud, é no sentido de que ele não tem a ideia de um *para além* desse princípio de prazer, não tem a ideia, por exemplo, daquilo que, para Freud, deu consistência a esse além, a saber, a reação terapêutica negativa, não tem a ideia do sintoma como retorno de algum acontecimento do seio desse mesmo esquecimento promovido por Powys.

Seu elogio da arte de esquecer se manifesta como uma tentativa rigorosa nesse sentido de que ele não nos esconde seus pressupostos, nem a trama que os liga. Existem dois principais: um, constatação de uma experiência, o outro localizando essa experiência.

1. A constatação, "evidência irrefutável", escreve Powys: "existe no universo uma infinidade de horrores"[2] (escrito no início do aumento da força dos dois totalitarismos mais devastadores do século, isto também tem, portanto, um alcance premonitório). Há um "sinistro segundo plano em nossas experiências individuais"[3]. Como esperamos de alguém sério, Powys acrescenta que no máximo podemos entrever essa evidência. A experiência desse segundo plano evoca a da cabeça de Medusa[4]. Ela não é uma relação na qual possamos nos manter:

> **Estar realmente consciente do sofrimento de outrem, com uma sensibilidade igualmente fremente, seria uma condição a esse ponto insuportável que nenhum homem poderia vivê-la[5].**

Disso se deduz a mais justa das definições da loucura, isto sejam quais

1 Por falta de tempo disponível, essa leitura de Powys não pôde ser apresentada oralmente.

2 John Cowper Powys, *The Art of Forgetting the Unpleasant*, 1928, trad. do inglês por Marie-Odile Fortier-Masek, *L'art d'oublier le déplaisir*, Paris, José Corti, 1997, p. 23.

3 *Ibid.*, p. 24.

4 *Ibid.*, p. 26.

5 *Ibid.*, p. 24.

forem suas formas clínicas: a loucura é não poder desviar-se, não poder esquecer; a loucura ocorre quando "as bacias de esquecimento ficam secas" (um contraponto da antiga Planície de *lethe*).

2. O problema seria insolúvel, seríamos todos loucos, se esse horror não estivesse localizado num lugar onde, por causa de sua localização, uma resposta é possível. Powys diz esse lugar a respeito do amor pensado como fuga de nós mesmos,

> **[...] uma fuga para braços onde, no espaço de um curto momento, poderemos esquecer. Pois o horror, o horror por excelência, esse horror que nos persegue não reside em alguma realidade tangível, exterior: ele reside em nosso cérebro... Ele reside nessa energia terrível, imaginativa, presente em cada um de nós, uma energia capaz de subjugar a velha "possibilidade de horror" original, difundida através do mundo, e de engendrar para sempre suntuosas hidras e sinistras quimeras[6].**

Assim, existe, segundo Powys, algo como uma subjetivação do horror, contra a qual pode reagir a arte de esquecer em suas duas formas principais que são o amor e o trabalho.

Uma terceira via entre dois escolhos

Essa arte de esquecer o que desagrada intervém como uma terceira via entre as duas rejeitadas por Powys, que são outras tantas formas de crueldade, a dos "advogados da amável verdade" (p. 21), encarnados pelos anglo-saxões que dão mostra de um fanatismo do são e do respeitável, e a dos "advogados do pessimismo negro" (p. 23), que intimam qualquer um a contemplar a verdade nua, o horror. A ingenuidade e a estupidez dos primeiros (p. 21) bastam para desqualificá-los. Os segundos, por sua vez, são "escrivães honestos" (p. 23) do horror – diríamos secretários[7]. Só que, a partir dessa honestidade, eles obrigam todos a enfrentar a verdade desagradável, a afrontar o terrível e o horrível, a contemplar o repulsivo e, nisso acrescentarei (pois Powys não diz isso textualmente), eles só fazem exagerar o horror. A análise, proposta por Powys, da perversidade, do laço erótico entre esses intelectuais e aqueles que

6 *Ibid.*, p. 37.

7 Cf. *Revue du Littoral* nº 34-35, "La part du secrétaire", Paris, EPEL, avril 1992, assim como Michele Benvenga, Tomaso Costo, *La main du prince*, Paris, EPEL, 1992.

os seguem é clinicamente notável. Com efeito, concordamos com ele, "reina em nossos círculos intelectuais modernos uma pressão moral draconiana" (p. 20). Qual exatamente? Powys assim descreve essa pressão:

> **Devemos nos mostrar perfeitamente *em relação* com as latrinas do universo, caso contrário não pertencemos.**

Essa fórmula vale bem o imperativo categórico... Estamos aqui muito próximos de um balizamento, por Powys, de uma certa relação com o objeto *a*. Assim é que bastaria uma discreta diferença de acento, uma certa forma de estilo, para que o lacanismo descambasse para aquela injunção, para aquele terrorismo intelectual. Uma fórmula como "não ceder em seu desejo", outra como "o psicanalista tem horror de seu ato" podem perfeitamente vir alimentar essa crueldade moral dos honestos escrivães que Powys tenta contornar. É verdade que resta um pouquinho de esperança, pelo menos se aceitarmos o ensinamento de um chiste relativo ao terrorista: – "Que diferença existe entre um terrorista e uma mãe judia?". Resposta: "Com o terrorista, é possível negociar".

Powys opõe à verdade dos advogados do pessimismo negro o esquecimento, a arte de esquecer. Logo, encontramos aqui o caráter essencial da oposição verdade / esquecimento, aqui sob a forma *aletheia / lethe-hipnos*.

Powys não ignora que essa arte de esquecer também pode tornar-se uma injunção não menos cruel que aquela que ele combate. O esquecimento que ele apresenta deve portanto atender a certas características. Ele não será essa ilusão que chamamos uma religião (p. 27); e o próprio Powys não deverá estar na origem desse esquecimento. A respeito de sua arte de esquecer, da visão das coisas que é bem levado a propor a alguém, Powys escreve que

> **enquanto ela emanar da integridade espontânea de nosso ser único, enquanto for nossa, inteiramente nossa, e não a de um outro, tudo irá bem. Nossa única exigência a seu respeito é que só pertença a nós, que seja a expressão de nossa íntima identidade para o melhor e o pior, e que nos traga a arte entre todas sagrada do esquecimento[8].**

É este seu ponto de método. Logo, um método que a ele está tão ligado pessoalmente quando o de Descartes estava a René, o de Freud a Sigmund. Logo, um método que recusa, propriamente falando por uma razão de méto-

8 Powys, *op. cit.*, p. 27.

do, por sua razão como método, ser ensinado, essa recusa engendrando uma dificuldade que é encontrada em Descartes, Freud e Powys igualmente. Pois, por que, se é o caso, escrevem eles, cada um, um discurso do método?

Onde está a força fálica?

Em Powys, só esse método impede que se identifique o que ele faz a uma (auto-)hipnose. Ele no entanto não está longe disso. Pois, para essa arte de esquecer, ele reivindica seu estatuto de droga. De Troia, Helena trouxe para Esparta um celeste remédio egípcio,

> **uma verdadeira poção de *Lethe*, pronta para apagar a menor lembrança[9].**

Powys também fala das "beberagens do divino Nepentes de virtudes rapidamente libertadoras" (p. 36). Em grego, νηπαθής (ou νηπενθής) quer dizer: "que acalma a dor". Em latim, *nepenthes* é um substantivo que designa uma planta que, misturada ao vinho, proporciona alegria (podemos nos lembrar aqui dos vinhos Mariani, que comportavam cocaína[10]).

Mas, sobretudo, Powys nos oferece, ademais, a referência *princeps* dessa solução do esquecimento, da ilusão, do sono não dogmático. Há nele um elogio do bom senso camponês que combina com um "deixar-se levar" por certo não qualquer, mas localizando-se nos braços de mãe Natureza, que – é o fim de seu texto –

> **vê para nós as melhores drogas, a melhor maneira de nos mergulhar num esquecimento divino[11].**

Esse deixar-se levar é uma mamada, dada por uma boa mãe que assim acalenta o filho de ilusões, que assim o adormece

> **antes que a dança de morte planetária se congele com assustadora rigidez[12].**

---

9 *Ibid.*, p. 25.

10 Cf. Jean Allouch, "Freud coquero", *Lettre pour lettre, transcrire, traduire, translittérer*, Toulouse, ERES, 1984 [Traduzido no Brasil pela Companhia de Freud].

11 Powys, *op. cit.*, p. 40.

12 *Ibid.*, p. 32. Essa página é um formidável pedaço de bravura sobre "esquecer".

O falo está do lado da droga, do bom seio, da boa mãe, com aquilo que dá seu brilho e sua eficiência à ilusão soporífica. Oferece sua consistência àquilo que permite o esquecimento. Essa figura está, nesse sentido, nos antípodas daquela dos mestres de verdade em que o falo da fala eficaz servia à reputação de cada um. Se nos referirmos à escrita da função fálica precedentemente introduzida, vemos que *lethe-hipnos* deve ser situado do lado de *lethe-tânatos*, já que a arte de esquecer apropria-se da força da hipnose, ao passo que o falo também está do lado do esquecimento embora permaneça situado no nível do otro.

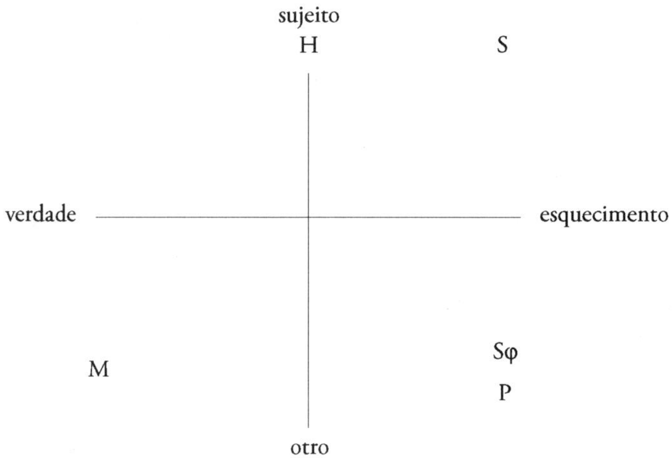

M = Mestre da verdade
H = Hoplitas
S = Sofistas
Sφ = Seitas filosófico-religiosas
P = Powys

Alguns valores da função fálica
Esquema 2

Encontramos exatamente o valor fálico das seitas filosóficas da Antiguidade grega!

Não há nada a dizer contra essa solução. A quem quer que desejasse viver conforme o princípio de prazer, não se pode recomendar melhor que o método Powys. Não há nada a objetar, mas o fato é que a objeção veio quase que sozinha, Freud "só" fazendo acolhê-la. A objeção é o sintoma. É que às vezes acontece de, embora até um sujeito se engolfe em algo que ele inventa em matéria de arte de esquecer, isso não funciona. Um pedaço daquilo que ele se esforça por esquecer no amor, no trabalho, na arte ou no que quer que seja retorna sob forma de horror. E Freud, a partir daí, desse fracasso do *pharmakon* em suas diversas montagens, inventa um método que portanto não se endereça de modo algum ao drogado, mas só àquele para quem a arte de esquecer graças a uma droga não proporciona o bem-estar que dela ele esperava.

Assim, confirma-se bem, com Powys, a antinomia *lethe/aletheia* e o caráter determinante da localização da intervenção do falo no seio mesmo dessa tensão.

2. Yerushalmi: os paradoxos do mandamento do não-esquecimento

Vamos estudar um outro composto dos três termos falo/esquecimento/verdade pois ele rege, de modo um pouco sorrateiro, os próprios preconceitos da psicoterapia contemporânea.

O que entender por aí? Vejamos o grupo dos psi que, quando há um atentado, vêm imediatamente ao local, pagos por um organismo, estatal ou humanitário, para reparar o traumatismo sofrido por aqueles que dele foram as vítimas. As vítimas não chamaram esses psi. Observação à qual podemos responder: elas tampouco chamaram os médicos, e estes mesmo assim não estão errados em intervir na urgência. Certo. Mas justamente: é igual? De onde sabemos que essas vítimas eram traumatizadas psíquicas? Esse problema, aliás, coloca-se aos próprios psi, alguns deles perguntando-se publicamente como persuadir tal vítima a se tratar. Logo, existiriam traumatismos psíquicos ignorados por aquele mesmo que os sofre. Estamos quase instantaneamente, pouco importa se o queremos ou o deploramos, numa dialética do tipo: – "Veja a que ponto você é pecador, e receba a minha graça". Essa prática psicoterápica é uma pastoral, uma obra como *El terror y la tortura*, assinada Daniel Gil[13], didata da IPA, publicada em 1990 em Montevidéu, inscreve-se perfeitamente nessa psicanálise, aquela recusada por Foucault.

Yerushalmi pouco à vontade

Se quisermos entender a lógica dessa prática de pastor que se tornou, no Ocidente, uma espécie de bom senso psicológico comum, é preciso ir até uma de suas origens. No judaísmo, tais palavras se sustentam, são rigoro-

13 Prólogo de Marcelo Viñar, Ilustrações de Anhelo Hernandez, Colaboradores: Mercedes Espinola, Marta Klinger, Elsa Leone, colección Biblioteca de psicoanálisis, EPPAL, Montevideo, 1990.

samente sustentadas, até não mascarar o paradoxo que engendram. Aliás, o próprio fato de, em teologia e não em psicologia, elas darem lugar a um paradoxo basta para mostrar que essa teologia é, com efeito, um *logos*, como tal suficientemente formalizado, ao passo que esse discurso psicológico mole por sua vez não oferece nenhum contato sério.

Segundo que viés Yerushalmi acabou formulando esse paradoxo (na intervenção que vamos tentar ler, ele não o chama tal, mas nos dá todos os seus componentes, chegando até a assinalá-lo sob o nome de dissonância[14])? Em 1987, ele foi informado de que iria acontecer em Royaumont um colóquio sobre o tema "Usos do esquecimento" – usos estando no plural. Ele estava convidado para participar, talvez por ter notadamente publicado *Zakhor: Jewish History and Jewish Memory* em 1982 (traduzido no mesmo ano em francês).

Como reage ele ao enunciado desse tema? Primeiramente esfregando os olhos de estupor: – "Não, não li mal o título..." dirá ele no início de sua intervenção. Que houvesse nem que fosse um único "uso do esquecimento", que a questão fosse somente colocada, manifestamente, o choca. Tanto que ele acabou interpretando esse convite como um ato de represália punitiva (o que dá uma ideia do personagem):

> **Por ter escrito sobre a memória, devo doravante expiar esse ato de presunção, parece, tratando do esquecimento[15].**

Mas de onde vinha essa questão? De 1874, data da *Segunda consideração intempestiva* de Nietzsche. E Yerushalmi, desde o início de sua exposição, cita Nietzsche proclamando a existência de uma nova doença, de uma "febre histórica devoradora". Se é "absolutamente impossível *viver* sem esquecer", vai se tratar

> **de saber esquecer a propósito, como sabemos lembrar a propósito: é preciso que um instinto vigoroso nos avise quando for necessário ver as coisas historicamente e quando for necessário vê-las não**

14 Cf. Yosef Hayim Yerushalmi, "Réflexions sur l'oubli", *in* coll. *Usages de l'oubli*, Paris, Seuil, 1988, p. 19: "Épilogue dissonant". Em *Zakhor*, em compensação, desde a segunda página de "gênese de um livro", está explicitamente em questão esse paradoxo, nascido da antinomia entre memória e historiografia (*Zakhor, Histoire juive et mémoire juive*, trad. do inglês por Eric Vigne, Paris, Tel, Gallimard, 1991 – 1e éd. fr. La découverte, 1984).

15 *Ibid.*, p. 7.

> **historicamente.** [...] *o sentido não histórico e o sentido histórico são igualmente necessários à saúde de um indivíduo, de uma nação, de uma civilização*[16].

Logo, o que chocou Yerushalmi na retomada, em 1987, dessa questão nietzscheana? Toda a sua exposição é feita para responder a essa questão.

Sua reação de rejeição não surpreenderá quem quer que a refira ao fato de a tradição de que ela resulta e que ele estuda não comportar, justamente, assim diz ele mesmo, nenhum uso do esquecimento. Como é impossível viver sem esquecer, essa solução radical custa um preço caro. Nada menos que um terror. Leiamos:

> **Usos do esquecimento: na Bíblia hebraica, eles não existem. A Bíblia só ressoa do terror do esquecimento. O esquecimento, o reverso da memória, sempre é negativo: é o pecado cardinal de onde decorrerão todos os outros. O** *locus classicus* **talvez se encontre no** *Deuteronômio* **VIII (11, 14 19):**
>
> > **Guarda-te, que não te esqueças do Senhor teu Deus, deixando de observar os seus mandamentos que eu hoje te ordeno... Não vá ficar orgulhoso e esquecer que deves tudo isso ao Senhor teu Deus, que te tirou do Egito onde eras escravo... Pois se por acaso vieres a esquecer o Senhor teu Deus, se adorares e servires outros deuses, previno-te hoje, desaparecerás**[17].

Que estranheza nessa divina e sofisticada demanda! Há aí uma dívida; há aí uma ameaça, há aí um modo de usar (pois, afinal, Israel poderia não esquecer seu Deus embora servisse a outros), há aí um mandamento com seu objeto singular. Há aí um deus pastor.

Deus fala aqui como bom pastor. O mandamento pode ser dito: "Não esqueças que foste (que és, que serás, segundo as duas outras ek-stases temporais) pasteurizado", e logo também "Não esqueça teu pastor". Reciprocamente, esse não esquecimento é uma obediência, uma submissão; o cristianismo a retomará por sua conta, isto até o ponto onde, entre os três votos

---

16 *Ibid.*, p. 9. Itálicos de Nietzsche.

17 *Ibid.*, pp. 10-11.

cenobíticos de obediência, de pobreza e de abstinência, é conhecido que a obediência é o mais difícil de satisfazer. A salvação, diz Foucault, é obrigatória[18].

O que não deve ser esquecido, não há mais meio algum de discerni-lo

Não entraremos num estudo do laço que, com essa frase do *Deuteronômio*, se instala por milênios. Ressaltaremos apenas isto: a partir daí, coloca-se um problema de "arquivo", tal como sublinhou Derrida[19].

Não se tratará apenas de conservação dos textos essenciais, como a *Tora*, pela qual tal texto é garantido, de cópias em cópias (cada uma materialmente perecível), por uma transliteração: ao atribuirmos um número a cada letra, recontando a soma correspondente a uma sequência de letras que acabamos de copiar, temos a quase garantia de que copiamos bem exatamente a série das letras. Certo, há o caso de dois erros que se compensariam. Por isso há outras garantias. Por exemplo, a cópia se faz letra por letra (um pouco como certos corretores ortográficos leem os textos a partir do fim de maneira a não ler o sentido). Por outro lado, não pode se tratar da conservação de toda a história do povo, o que nenhuma *Tora* pode conter. O arquivo, precisa Yerushalmi referindo-se aos sábios de Yabneh, dirá respeito apenas ao que conta, a saber, a lei.

> **[...] a angústia dos Sábios não é que seja esquecida a história, mas a *halakhah*, a Lei. As prioridades estão fixadas: a Lei é aqui primeira. Em consequência, só a história que poderia se integrar ao sistema de valores da *halakhah* era guardada pela memória. O resto era ignorado, "esquecido"[20].**

Yerushalmi é sério no sentido de que se alguma asserção deve ser tirada, como consequência de outra, pois bem, ele a formula, isto independentemente do caráter chocante ou não (para ele mesmo, para outros, para o problema que ele estuda) do conteúdo dessa consequência. No que ele acaba de tirar como consequência, a tese dá frio na espinha. Ele se dá conta disso? Ele se dará conta, em todo caso, no fim de sua exposição.

18 Michel Foucault, *DE*, t. IV, p. 560 *et sq*. (análise da função pastoral).

19 Jacques Derrida, *Mal d'archive*, Paris, Galilée, 1995, assim como Jean Allouch, "Nécrologie d'une science juive. Pour saluer *Mal d'archive* de Jacques Derrida". *L'unebévue* nº 6, Paris, EPEL, 1995.

20 Yerushalmi, *op. cit.*, p. 14.

Mas demos primeiramente toda a sua força à sua argumentação. *Halakhah*, diz ele, vem da palavra *halakh*, "caminhar". Essa lei é, portanto, bem particular, ela não é o *nomos* grego, ela não é nosso direito, ela é a Estrada, a Via, o Tao, ela é um

> **conjunto de ritos e crenças que dá a um povo o sentido de sua identidade e de seu destino. Do passado só são transmitidos os episódios que julgamos exemplares ou edificantes para a *halakhah* de um povo tal como é vivida no presente. O resto da "história" – ousemos a imagem – cai no fosso.**

Isso parece permitir que Yerushalmi afirme, como ele faz, que o caso judeu é paradigmático, que todos os povos só guardam certos elementos de seu passado, históricos ou míticos, que, em todos os povos, esses elementos guardados tornam-se uma *Tora*, que cada povo tem a sua *halakhah*. Sim e não. Certo, a fenomenologia da memória e do esquecimento coletivos parece bem ser por toda parte a mesma, seletiva. No entanto, nem todos os povos caminham, nem todos são povos em marcha e, de mais a mais, em marcha em razão de um mandamento divino. Em outras palavras, ainda, nem todos os povos têm Pastor, o qual cuida de seu rebanho, por exemplo para tirá-lo de uma terra árida ou de escravidão. Foucault observa que a tradição do pastor, se não é especificamente judia, tampouco é geral. O poder político tradicional diz respeito, ao contrário, a um território. Assim é que os gregos das cidades, por exemplo, não caminhavam particularmente. Logo, nem todos os povos têm exatamente sua *halakhah*, sua ordem de marcha. O que não impede que nenhuma história de povo algum possa evitar expor-se à suspeita de ser constituída a partir de uma lei, de estar a serviço de uma lei. E nesse sentido sim, o caso judeu é bem, com efeito, paradigmático. Toda vez que expõe, o historiador pode ser questionado: não é ele um servidor do grupo, do rebanho? Não há *a priori* diferença essencial entre um livro de história da Grande Guerra e um monumento aos mortos dessa mesma guerra. A história, tal como escreve Jean-Claude Milner em sua intervenção nesse mesmo colóquio, se é "memorial".

> **Assim se define uma tarefa espiritual, a que se devotam de bom grado os profissionais da memória, erigidos por aí mesmo em guardiães da moralidade pública: *grosso modo*, os historiadores[21].**

É importante notar essa conivência da história e da *halakhah*, especialmente no campo freudiano. Após uns bons dez anos de estudos do passado da psicanálise, certos aprendizes historiadores, fortalecidos por sua posição pretensamente adquirida, tentam alçar-se até essa posição de dizer a *halakhah*, a lei. Os psicanalistas... caminharão? Podemos duvidar. Resta que essa tentativa caiu exatamente naquilo que recusam os historiadores de ofício, no momento mesmo em que sua disciplina atravessa uma crise[22], a saber

> **[...] o lugar exorbitante que assumiram, na história contemporânea, os "historiadores peritos" que confundem o "ofício" de historiador com o de policial ou de procurador.**

Ao notar esse sintoma em seu debate com Roger Chartier, Gérard Noirel acrescenta que já Marc Bloch deplorava essa mania do julgamento

> **ao sublinhar que não é o arquivo que faz o historiador mas a problemática que ele é capaz de pôr em ação para explorar seus materiais.**

Essa problemática é uma *halakhah*? Yerushalmi está absolutamente fundado para colocar essa questão.

De onde ele o faz? Em outras palavras: como ocorre, hoje, para Yerushalmi, essa ordem de não esquecer Deus, essa relação pastoral com Deus, essa modalidade digamos "culturalmente orientada" da história? É certo, diz ele, que pode haver, que houve fracassos na transmissão, e correção desses fracassos, retornos, renascimentos; pode até haver, houve esquecimentos como que definitivamente esquecidos; assim o politeísmo do Oriente Médio, do qual só resta, segundo Yerushalmi, uma invenção dos profetas nomeada idolatria[23]. Mas a questão moderna não está aí. A questão moderna começa

---

21 *Ibid.*, p. 64.

22 Uma dupla página do jornal *Le Monde des livres* datado de 13 de março de 1998 é dedicada a essa crise.

23 Yerushalmi, *op. cit.*, p. 15. Constato aqui não ter sido o único a sustentar que a idolatria (por exemplo egípcia) foi uma invenção judia – e dizer que me valeu, em seu tempo, a ira pública de um Lévinas. Cf. "Où

com a invenção de uma história científica, aquela cuja realização conduzirá Nietzsche a dar seu sinal de alarme.

No século XIX, o historiador cessa de querer ser um ator da história a serviço de seu povo. Ele se dota de métodos e visa doravante a objetividade científica. Yerushalmi escreve:

> **[...] graças a seus métodos, ele podia praticar uma anamnese muito mais profunda do que jamais poderia coletividade alguma. Foi todo o passado que se tornou o objeto de seus procedimentos de investigação. A tentação de restaurar o passado total tornou-se irresistível.**

Logo, há para o historiador uma escolha que parece bem incontornável. Ou regrar seu discurso numa *halakhah* e ser o servidor de um povo e de um único povo, ou esforçar-se para escrever uma história objetiva e global e perder um pouco de seu estatuto social, o daquele que dá lições morais. As histórias que nos contam, é claro, balançam mais ou menos entre esses dois polos. Mas as distâncias que separam umas das outras podem ser consideráveis.

Como, a partir dessa nova distribuição do jogo, se apresenta, para Yerushalmi, o problema de um eventual uso do esquecimento? A enorme força de seu discurso deve-se ao que ele pode então trazer, a saber, a observação de que a história não pode de modo algum nos dizer o que conviria esquecer e aquilo que é preciso, ao contrário, lembrar. Só uma *halakhah* poderia nos dizer coisa igual. Ora, acrescenta ele de modo não menos pertinente:

> **Nosso verdadeiro problema é que não dispomos mais de uma *halakhah*[24].**

Por ter partido como partiu, tomando apoio nas bases tradicionais que ele se dá, Yerushalmi conclui, de uma forma que não poderia ser mais rigorosa, que, por falta de *halakhah*, não há solução para o problema colocado pelo colóquio.

Tendo provocado tumulto, Yerushalmi tenta recuar para sua preferên-

---

l'écrit divise un 'interdit de la représentation' en deux possibilités", *in* coll., *L'interdit de la représentation*, Paris, Seuil, 1981.

24 *Ibid.*, p. 18.

cia, que é a do Deus de seu povo; ele pode dizer, num epílogo dissonante:

> **meu terror do esquecimento prevalece sobre o temor de dever me lembrar demais[25].**

O fato é que ele mesmo não se livra desse impasse que ele ressalta. Escolher a *halakhah*, a memória coletiva em vez da historiografia científica, é ficar, com mais ou menos vergonha, do lado dos "traficantes dos documentos", dos "assassinos da memória", dos "revisores de enciclopédias", dos "conspiradores do silêncio". Contra eles, vamos apelar para a historiografia. Mas a historiografia, fundamentalmente, é fraca, por falta de *halakhah*. Eis, pois, o paradoxo: não se pode escrever a história nem com nem sem *halakhah*[26].

Concluamos essa leitura de Yerushalmi. Nem o esquecimento, nem seu avesso, a lembrança, podem ser objeto de um mandamento, exceto negligenciando a história (o que o povo judeu fez durante séculos). Como Yerushalmi demonstrava em *Zakhor*, memória e história são incompatíveis. Assim, na medida em que não podemos ficar sem história (os judeus levaram quinze séculos para perceber isso), a figura do mandamento do não-esquecimento torna-se impossível.

Como escrever isso? Deus é um mestre de verdade. Mas, em vez de, como na Grécia arcaica, sua fala engendrar a verdade sem depender de nada além dela mesma, aqui ela perde em sua força apenas porque, proferindo um mandamento, depende da resposta, da obediência ou da não-obediência. O valor fálico vai portanto ser flutuante entre o otro e o sujeito.

Quanto ao ponto de hipnose, aquele que foi suprimido com o aparecimento no seio do judaísmo da *Wissenschaft des Judentums*[27], ele está ali onde, segundo Yerushalmi, se encontra o terror de esquecer. *Lethe hipnos* está portanto situado do mesmo lado que *lethe tânatos*, embora, tratando-se dos mestres gregos de verdade, a hipnose dissesse respeito à própria verdade do *kleos*.

25 *Ibid.*, p. 20.

26 Nesse colóquio, o negacionismo (com frequência pensado unicamente como nega-sionismo – pergunta-se por que os ciganos não reclamam nenhuma indenização, observou um participante desse seminário em Buenos Aires; ao que podemos acrescentar: e os homossexuais? Mas quem, nesse caso, embolsaria os *royalties*?) também é para Jean-Claude Milner a pedra angular. Sua resposta, no entanto, é diferente daquela de Yerushalmi. Enquanto este deve rechaçar o "discurso da revisão" por um juízo moral, Milner pode dar a explicação e portanto destruí-lo de verdade.

27 Yerushalmi, *Zakhor*, *op. cit.*, p. 100.

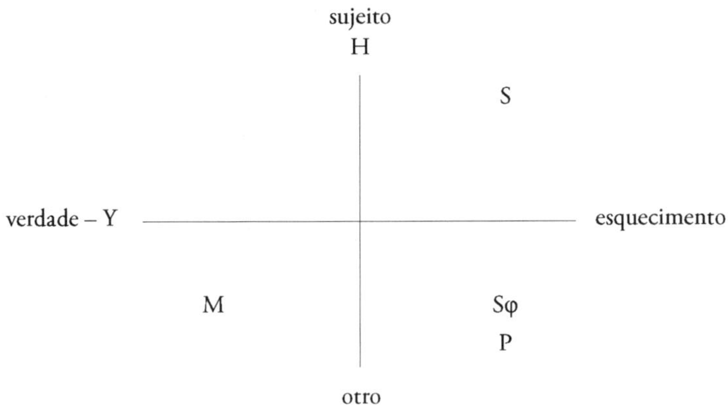

M = Mestre da verdade
H = Hoplitas
S = Sofistas
Sφ = Seitas filosófico-religiosas
P = Powys
Y = Yerushalmi

Alguns valores da função fálica
Esquema 3

Confirma-se que os três termos – verdade, esquecimento, falo – estão bem articulados. Sua articulação parece doravante suficientemente estabelecida para que possa agora ser colocada a questão de saber como essa mesma articulação tripartite apresenta-se em Lacan.

QUARTA SESSÃO, SÁBADO DE TARDE

Vedde, e 'l gran cacciator dovenne caccia.
Giordano Bruno[1]

Vamos agora poder efetuar duas sondagens em Lacan a fim de responder a uma questão que se formularia assim: o que acontece, nele, com esse valor fálico que tentamos inscrever para cada caso na tensão entre, por um lado, verdade e esquecimento, por outro lado, sujeito e otro?

Certo, é possível que a questão a que chegamos, que não está como tal em Lacan, receba de Lacan uma resposta que a recuse. Veremos.

Como para *Os mestres de verdade*, abordaremos essa questão de várias entradas por aquela da verdade, mais exatamente por duas de suas figuras em Lacan. Escolheremos (mas temos escolha?) dois momentos precisos em que, por excelência, a verdade foi... exibida, alegada.

Curiosamente, essa escolha nos força a eleger dois textos escritos por Lacan: A dita "Coisa freudiana" e "A ciência e a verdade". Uma palavra, portanto, quanto ao estatuto de tais escritos em Lacan, isto é, as palavras que ele inscreveu em papel num certo número de artigos. Chamemos isso, metonimicamente, seus papéis, ou, melhor ainda: seus *papeizinhos*. Eles se distinguem de três outros tipos de produções que podem ser imputadas a La-

1 Giordano Bruno, *Les fureurs héroïques*, Paris, 1585. rééd. Les Belles lettres, Paris, 1954, p. 53 (introd.) & 205 (texto do soneto).

can: I. seus *escritos* propriamente falando, não o livro assim intitulado e que é melhor desmantelar se pretendemos ler Lacan, mas seus matemas; II. seus seminários, seus *transcritos*; e III. seus *chistes*, seu rumor. Um pouco como em Foucault – em que agora se distinguem livros, os *Ditos e escritos* e as aulas –, cada tipo de produção deve ser lido em função de seu estatuto próprio[2]. O que acontece com os papeizinhos?

É notável que, tratando-se da verdade, não podemos evitá-los; e, entre eles, um dos mais duros de ler não em razão de seu hermetismo, de sua complexidade sintáxica, semântica, referencial, etc, mas tanto seu tom, sua maneira, sua destreza, exalam uma espécie de religiosidade abastardada, mole e simplista, reduzida a uma pastoral sem transcendência.

Talvez eu já tenha dito e sugerido demais, com o que pode parecer um puro movimento de humor pessoal para com os papeizinhos, para não dever me explicar ainda mais. Exatamente, trata-se de um mal-estar, aquele que sinto em me referir a eles. Aliás, não fazê-lo é respeitar a indicação de Lacan segundo a qual eles (seus escritos, dizia ele) não são para ler. Aliás, podemos verificar, quase a respeito de cada artigo publicado, que ele está parcialmente caduco no instante mesmo de sua publicação, que de fato é melhor reportar-se aos seminários, aos transcritos, por mais defeituosos que sejam em seu estabelecimento.

Meu motivo para deixar de lado os papeizinhos de Lacan era de ordem impressionista: uma ausência de gosto por esses escritos, o sentimento, para alguns deles, de que está excluído poder lê-los tal é grande o grau dos equívocos incrustados, a evidência de que citar uma frase deles seria, nessas condições, escroqueria. Ora, esse motivo encontra-se de certo modo validado uma vez que, mais de quinze anos após a morte de Lacan, praticamente nenhum deles foi lido. Ponhamos de lado o único seminário publicado como tal por Lacan, "o seminário sobre a carta roubada", lido por Derrida, já que se trata de um transcrito. A única exceção que confirma a regra segundo a qual "ler Lacan (exceto a tese e os primeiros artigos) é ler os seminários" terá sido a obra *O título da letra*, uma leitura "derridiana" de "A instância da letra no inconsciente".

Assim, se dois papeizinhos devem ser levados em conta uma vez que

---

2 Aos transcritos, papeizinhos e rumores, acrescentam-se os textos não produzidos (dos quais existem apenas derivados) e que correspondem às escolhas doutrinais maiores, textos entre os quais é preciso inscrever "O estádio do espelho" de 1936 e a conferência "Simbólico, imaginário, real" de 1953.

interrogamos o estatuto da verdade em Lacan, pelo menos teremos de incluir em sua leitura o mal-estar que nos causam.

A DITA "COISA FREUDIANA" E SUA ATUALIDADE

Estamos às voltas com um texto que chamamos, de modo antes intempestivo, acreditando resumir seu título, na verdade subscrevendo a uma meia mentira, "A coisa freudiana". Trata-se, dizem-nos (outra meia mentira), da conferência que Lacan deu em Viena, em alemão, em 7 de novembro de 1955. Um escrito daí teria resultado, este em francês, intitulado, supõe-se, "A coisa freudiana ou Sentido do retorno a Freud em psicanálise". Na verdade, esse próprio escrito hoje se apresenta como a última camada, aquela que se vê, de um conjunto estratificado de elementos empilhados que mais ou menos escondem uns aos outros. Inscrevamos a lista desses elementos (os títulos variam de uma maneira que é significativa, mas também de uma maneira que, significativamente, praticamente nunca é levada em conta):

7/11	**1955**	*Conferência em alemão:* **O sentido de um retorno a Freud na psicanálise.** **[Qual era, então, o título em alemão? Qual é o texto?]**
21/12	**1955**	*Leitura da conferência no seminário:_* **Sentido de um retorno a Freud na psicanálise**[3]
Primavera	**1956**	*Publicação do texto em A evolução psiquiátrica*[4]*:* **A coisa freudiana ou Sentido do retorno a Freud em psicanálise**

3 Supressão de "O", com maiúscula em Sentido.

4 Indicação de data identificada por Ángel de Frutos Salvador, *Los Escritos de Jacques Lacan, Variantes textuales*, Mexico, Siglo XXI, 1994, p. 343.

	1966	*Publicação do texto em os* **Escritos:**
		A coisa freudiana ou
		Sentido do retorno a Freud em psicanálise[5]
Outono	1987	*Notas em alemão preparatórias_*
		à conferência sobre A Coisa freudiana[6]

Tomemos por base o texto dos *Escritos*, mesmo com o risco de ver aqui e ali que uma frase sofreu uma mudança ou provém de uma mudança.

1. Um tom

Hoje vejo apenas uma única maneira de ler esse papelzinho muito intolerável: considerá-lo de um grande cômico (frase ambígua: trata-se tanto do escrito quanto de seu autor). Entretanto, para além desse cômico, ou pela graça desse cômico, a cena do "retorno ao sentido de Freud" que é "o sentido de um retorno a Freud", ambos constituindo como que as duas faces da bandeirola que Lacan agita publicamente durante essa conferência (na própria ação de dar essa conferência), cena que vem em primeiro plano dos enunciados, esconde (mas levemente, pois basta olhar para ver) uma outra cena, nada menos que uma cena de antropofagia S/M.

Que não nos escandalizemos de imediato com essa erótica lacaniana da verdade freudiana. Também existe uma erótica da verdade em Foucault, ligeiramente diferente, em muitos outros autores evidentemente, e notadamente em alguém que funciona como a referência histórica do "Sentido do retorno a Freud", a saber, Giordano Bruno. Segundo Bruno, o conhecimento do verdadeiro implica a colocação em jogo de um amor do verdadeiro que é, pelo menos explicitamente, aquele mesmo que Lacan retomará quatro séculos mais tarde. Em Lacan e em Bruno, a cena S/M da verdade é a de uma caça, sua figura maior sendo Diana; em Foucault, temos antes a cena do labirinto e a figura de Ariane. Daí esta fórmula: Lacan é a dianálise; Foucault a arianálise. O que dá bastante letras em comum!

Desde as primeiras palavras um tom – digamos "epopeia" – é dado,

5 "Sentido" conserva a maiúscula. "Um retorno" torna-se "retorno", "dentro" torna-se "em". Nota sobre o conjunto das modificações: sentido sempre deixa mais lugar à coisa, a qual acaba, em *Ornicar?*, por ter sua maiúscula.

6 *Ornicar?*, Nº 42, Paris, 1987, pp. 7-11. Aparecimento do C maiúsculo. Há efeito cômico, já que as "Notas em alemão..." estão em francês!

que doravante parece mais suscetível de nos fazer fugir para quilômetros de distância do que obter nossa adesão como parece desejado. Citemos: Viena "lugar eterno [*sic!*] da descoberta de Freud" [*descoberta, essa alusão a Heidegger importará, tratando-se da verdade*[7]], a qual é a do "centro verdadeiro do ser [*um erro típico do heideggerianismo essa noção de um centro verdadeiro do ser*]", Freud "profeta", Lacan "anunciador", reencontrando "o sentido" da "obra heroica", dentre os quais aqueles que "vivem de seu patrocínio" [*sim, tal qual: eles vivem disso, vai muito além das necessidades, eles vivem disso como outros vivem do pão e do vinho*], aqueles que não souberam inscrever a "placa memorial", etc. Lendo isso mais de trinta anos depois, temos vontade de ressuscitar Lacan para lhe dizer, pondo gentilmente a mão sobre um ombro e até, se for um pouco injusto pois esquecido do contexto: "Vamos, calma!"; ou, "Não sonhe tão alto assim!". Felizmente, nesse banho espumante de epopeia religiosa, Lacan consegue, a respeito da primeira "mensagem" [*ainda uma palavra carregada religiosamente*] freudiana, dizer que esta passagem

[...] retiniu com suas ressonâncias no sino vienense [...][8].

Em alemão, seus ouvintes não devem ter ouvido que Lacan os tratava, em francês, de sinos [bobocas] – como, no fim do texto, não devem ter entendido os alexandrinos. Ora, desde as vituperações de Thomas Bernhard, sabemos um pouco melhor o que o "sino vienense" repercute, hoje ainda, de racismo e nazismo.

Outras sutilezas da mesma ordem ornamentam o tão penoso texto, piscadas de olho que os vienenses não devem ter muito entendido, se é que tenham estado presentes na conferência. Por exemplo, quando Lacan ironiza sobre o eu [*moi*] como noção operacional jogando com a palavra "opera-

---

7 Há um jogo, nesse artigo, entre "descoberta" e "desvelamento". "Descoberta", presente já nas primeiras linhas de "A coisa freudiana" (*Écrits*, Paris, Seuil, 1966), é três vezes mencionada só nas páginas 404-405, ao passo que "desvelamento" aparecerá pouco depois (p. 408). O fato de se tratar de uma besteira é identificado na observação que supostamente dá prova: "Essa verdade sem a qual não há mais meio de discernir o rosto da máscara..." (p. 406). Pois bem, justamente, e Lacan saberá isso mais tarde, notadamente graças às máscaras desdobradas analisadas por Lévi-Strauss, não há muitos meios de discernir um rosto de uma máscara. Ao apresentar, a respeito de Gide, essa análise lévi-straussiana da máscara há alguns anos, eu concluía: "Desmascarar nada tem a ver com desvelar, é, bem antes, ostentar máscara" (Jean Allouch, *Lettre pour Lettre*, Erès, 1984). Para uma leitura crítica da verdade em Heidegger, cf. quinta sessão.

8 "La chose freudienne", *op. cit.*, p. 402.

cional", querendo cortar-lhe o ope (para que reste o racional[9]?). Ou, ainda, quando ele faz falar não só o púlpito mas também o significante púlpito[10], sugerindo discreta mas distintamente que ele é o palhaço, até mesmo o palhaço que fede*. Ou ainda quando ele salta de um quase homófono a outro com a sequência desminto / desafio / desfio / defeso. Tudo isso, que não ultrapassa a barreira das línguas, nos leva a pensar que Lacan não ignorava o que proclamava. Há em sua conferência uma dimensão enunciativa, do tipo "confundir alhos com bugalhos", "perturbar", "zombar do mundo", suficientemente assinalada para que admitamos que, no que lhe diz respeito, o conferencista só subscreve de modo bem parcial a essa religiosidade que ele discute – um pouco como os teólogos são, a se acreditar nele, os únicos verdadeiros ateus. E, é claro, pensamos que essa maneira de maltratar um pouco o público ao mesmo tempo que o desafiamos a perceber isso deve ser conforme, ela mesma deve inscrever-se no roteiro S/M do retorno a Freud.

Lacan, portanto, à primeira vista, vitupera. Mas, mais hábil que Bernhard (pôde ele acreditar um instante), ele cuida de localizar o "adversário"[11] não no público que está diante dele, mas do outro lado do Atlântico. O que fizeram eles a Freud, esses "empresários da alma"[12] (já o Foucault da *História da sexualidade*)? Convém, aqui, prestar bem atenção, pois já estamos no cerne do problema a um só tempo teórico e erótico. Eles colocaram no mesmo plano a tendência e a defesa. Admitamos. E então? Pois bem, eles assim negligenciaram que o reconhecimento da verdade da tendência tinha efeitos pacificadores, que portanto a tendência era mais verdadeira que a defesa.

Logo, a verdade é tomada enquanto o lugar encruzilhada onde se diferenciam duas relações com Freud: renegado e "retorno a". A divergência doutrinal no entanto se constitui sobre a base de uma única cena erótica, cena de vários personagens: Diana a verdade, Freud-Acteão, seus seguidores-cães, Lacan (em vários lugares, sucessivamente); todos, exceto Diana a combatente, são atingidos por aquilo que bem teremos de chamar o maltratar da verdade. Pouco importa, por mais maltratada que seja, a verdade é tratadora, terapeuta.

9 *Ibid.*, p. 421.

10 *Ibid.*, p. 422.

11 *Ibid.*, p. 405.

12 *Ibid.*, p. 403.

* Trocadilho: *pupitre* [púlpito], *pître* [palhaço] e *pue* [fede]. (NT)

2. A verdade terapeuta

Essa promoção da verdade é um traço platônico cuja origem negligenciaremos tanto mais porque se achava retomado e sublinhado no neoplatonismo de Bruno, Lacan referindo, explicitamente, sua cena erótica àquela de Bruno. Se o acesso à verdade, em Bruno, se faz conforme as vias de um roteiro S/M (vias próximas, no caso, do amor cortês, o filósofo amando a verdade, como o poeta sua dama, e como ele podendo dele sofrer, sem pestanejar e até com satisfação, o arbitrário e as afrontas – não se diz, nesse amor, a Dama "cruel"?), de fato se pode esperar, desde esse platonismo comum a Bruno e a Lacan, que um roteiro S/M funcione também neste.

A afirmação da maior verdade da tendência em relação à defesa comporta, explicitamente, um remetimento ao primeiro Freud, aquele da prova pela cura, aquele sobre o qual um Adolf Grünbaum devia ressaltar, anos mais tarde[13], que é essencial à psicanálise. Mas isto não nos cegará ao ponto de não percebermos que há aí uma tese propriamente lacaniana. Sem dizer claramente que ela é a sua, imputando-a, até, implicitamente, a Freud, Lacan afirma que o reconhecimento da tendência cura não tanto por a tendência ser a tendência quanto por ser verdadeira. Essa tese nada tem de trivial.

Seria preciso ir ver, em Freud, se é uma tese freudiana. Antes de investigar, podemos não ficar persuadidos disso. Se o reconhecimento da tendência cura, não é, em Freud, porque a tendência é a tendência? Freud não diz que não é o reconhecimento da tendência (da pulsão) que importa, mas sua satisfação (direta ou sublimada), da qual a via é desbloqueada pelo reconhecimento em questão? Se esta é a tese de Freud, não é a verdade da tendência que é curativa, mas, segundo uma perspectiva que é mais biológica que filosófica[14], a supressão do impedimento da satisfação. Certo, em Freud, a verdade

13 Cf. *L'unebévue*, nº 10, Paris, EPEL, outono/inverno 1997, número intitulado "Crítica da psicanálise e de seus detratores".

14 Wilhem Reich glorificava Freud por ter inventado essa versão biológica de sua energética. Assim dizia ele: "A descoberta essencial de Freud foi o princípio da economia energética do aparelho psíquico: em outras palavras, o princípio de sua função energética. Era nisso que ele se distinguia de todos os outros psicólogos. Não foi tanto pela descoberta do inconsciente [...]" (*Reich parle de Freud*. Editado por Mary Higgins e Chester M. Raphael, M. D., trad. do americano por Pierre Kamnitzer, Paris, Payot, 1972, p. 32). Freud, nesse sentido, deveria ser situado como que retalhado entre Reich e Lacan (uma das últimas observações de Freud a esse respeito, aquela em que, no fim de "Análise com fim e análise sem fim", Freud reitera sua recusa de dar ao recalque um fundamento biológico, de "sexualizar dessa maneira o recalque" não bas-

então interviria como viés para a realização dessa supressão. Mas não seria a razão dela, seria apenas o meio.

Logo, haveria aí, um em Freud, o outro em Lacan, dois regimes diferentes da verdade. Ou a verdade cura por seu próprio poder (platonismo de Lacan), ou serve a um poder que bem tem outros interesses e visadas que os seus (é o que indicam certas curas pela transferência, em que a verdade só é alegada em seu valor terapêutico para melhor mascarar que a cura é devida à transferência).

A distinção desses dois regimes do verdadeiro é essencial. Encontramo-la, por exemplo, no debate que ocorreu entre Foucault e Chomski, na televisão holandesa, em novembro de 1971. A história quer que Chomski tenha saído dali indignado, dizendo: "Nunca encontrei alguém com tal falta de moralidade"[15]. Com essa declaração, Chomski nos desvela seu lado coroinha, por não ter compreendido que "Denis de Rougemont é muito mais perigoso que Sade"[16]. Foucault, num dado momento, interroga o linguista mas também o célebre oponente à guerra do Vietnã: – "É em nome de uma legalidade superior àquela de seu país que o senhor a combate?". E Chomski responde que, com efeito, ele precisa de um conceito sólido da natureza humana como fundamento de seu combate. Como, por conseguinte, entenderia ele o que quer que seja da resposta de Foucault lhe dizendo: "A guerra é feita para ser ganha, não por ser justa"?. Da mesma forma para a tendência: não seria por ser verdadeira que ela cura, mas por ganhar a partida como tendência.

Se a investigação confirmasse que Freud deve ser situado na linha "biológica" que acaba de ser indicada, a situação de Lacan nesse 7 de novembro de 1955 seria a seguinte: ele bradaria ainda mais forte o desvio de Freud na

tou para resolver a questão). Certo, um leitor mais prevenido de Lacan poderia achar injusta essa posição puramente linguageira que lhe emprestam, e não estaria errado. O fato é que ela se tornou uma opinião amplamente partilhada. Assim é que Jeffrey Weeks, em seu livro que se tornou uma obra de referência, *Sexuality and its discontents* (London and New York, Routledge, 1985 – reimpressão em 85, 86, 89, 91, 93 & 95), no capítulo "A sexualidade e o inconsciente", escreve: "A psicanálise recente, em particular aquela que vem dos discípulos de Lacan, pôs o acento *exclusivamente* no conteúdo verbal do inconsciente. É uma estrutura de representações, e isto já está manifestamente implícito em Freud. [...] A importância dessa acentuação se deve ao fato de que ela abre precisamente a via a *uma teoria do inconsciente que na verdade a separa da fisiologia* e a uma explicação da significação estrutural do inconsciente constituído em e através de linguagem" (p. 130 – itálicos colocados por mim).

15 Relato em James Miller, *La passion Foucault*, Paris, Plon, 1993, p. 231 e sq.

16 Fórmula para a qual as aspas remetem a quem, talvez, se reconhecer.

medida em que ele mesmo estaria fazendo Freud sofrer uma inflexão decisiva, isto sem dizê-lo e, talvez – não podemos excluir –, sem percebê-lo realmente.

Seja qual for esse estatuto da verdade em Freud, segundo Lacan os renegados[17] portanto negligenciaram nada menos que o "poder da verdade"[18], isto é, exatamente aquilo que Freud havia descoberto. É a frase célebre (e que, na minha opinião, custará bem caro, primeiramente para Lacan):

> **Se Freud não trouxe outra coisa ao conhecimento do homem senão essa verdade que existe o verdadeiro, não há descoberta freudiana[19].**

Essa frase, que diria o verdadeiro sobre o verdadeiro de Freud, essa frase que pretende condensar o néctar mais puro do freudismo, como não lê-la como uma bufonaria? Perguntemo-nos, por exemplo: – "Quem, pois, diz o contrário? Quem sustenta que não é verdade que há verdadeiro?". Certamente não a maioria das religiões, nem das filosofias. Tampouco a ciência, nem a magia... Então o quê? Resta, talvez, ao lado do budismo, os pirronianos, e a sofística. Ainda que, a respeito desta última, possamos notar que, se alguém ressaltou a vertente sofística da psicanálise, foi bem Lacan!

Disso resulta uma operação da antinomia esquecimento / verdade que vai funcionar em tempo integral nessas primeiras páginas de "A coisa freudiana". Ela funciona de maneira particular. Pois os dois termos por certo remetem a dois conceitos que seriam contraditórios: a verdade, como veremos, é o inesquecível e até o inesquecível por excelência. Mas essa verdade também funciona em outro nível, inscreve-se em algo como uma epopeia mítico-religiosa. Segundo esta, a verdade de que há verdadeiro apareceu no mundo pela virtude de um ato heroico (Bruno), depois essa verdade foi esquecida[20] pelas heroínas do herói. Benefício não desprezível; esse relato desenha, indiretamente, o lugar daquilo que vai pará-lo, o do "retorno a...".

---

17 P. 402, Lacan fala de uma renegação [*réniement*].

18 *Ibid.*, p. 405.

19 *Ibid.*, p. 406.

20 Cf. "Não lamentaremos esse esquecimento, se ele nos deixar mais à vontade para lhes apresentar o projeto de um retorno a Freud" (p. 403).

3. O maltratar da verdade

Houve, num dado momento da conferência, um desprendimento a um só tempo estilístico e da enunciação. A ele corresponde o capítulo "A coisa fala por si mesma", em que Lacan faz a verdade falar na boca de Freud. É Pentecostes: Freud fala em língua, ou antes a verdade toma língua em Freud; Freud é um possuído: uma pura boca pela qual passa uma voz que não é a dele, articulando falas que nem mesmo ele pode proferir pois são aquelas mesmas da verdade. Reconhecemos a famosa "prosopopeia" (p. 411) que tanto chamou a atenção, até mesmo chocou.

Trata-se de uma cena, que simplesmente não é descrita, que também foi representada por Lacan – já que ele empresta sua voz a ser a voz que Freud o possuído habita. Se agora sua voz se intromete na voz que possui Freud, não é mais exatamente a mesma voz que aquela que fazia o elogio de Freud. Qual é o estatuto desse novo modo de discorrer? Trata-se de um *acting-out*, como indicaria a observação de Lacan segundo a qual o *acting-out* é, em vez de ler um texto, levantar-se para representá-lo? Ou, então, de uma passagem ao ato, como indicaria a dimensão de cena sobre a cena que parece instaurar-se? Não decidiremos por enquanto, mas permanece seguro que uma espécie de rampa é transposta quando Lacan clama a prosopopeia.

Nessa cena, a verdade aparece como um interlocutor, como um personagem. Primeiramente por falar, mas também por ter sabido evadir-se de onde queriam trancá-la (p. 410), porque ela perambula, porque reclama o devido, porque desafia seus interlocutores, porque lhes lança um apelo, porque marca com eles um certo encontro – evidentemente o da "hora da verdade" (p. 411). Lacan então chama a verdade, ou antes a verdade então ela mesma se chama "a grande enganadora". Trata-se de um personagem feminino. Aliás, em breve, depois várias vezes posteriormente, ela receberá seu nome de Diana. Já na prosopopeia aqueles a quem ela se dirige são identificados como seus cães. São cães, na medida em que, como Freud, serão suscetíveis de ouvir a verdade. E Lacan pode com efeito convocar Bruno, em quem Diana tem a mesma função no que se refere à verdade. Aqui, a fórmula de seu desafio é:

Procurem, cães que vocês se tornam ao me ouvir [...]

Estamos aqui quase no fim da prosopopeia que se conclui com uma proeza verbal, também muito notada:

> **Entrem em liça ao meu apelo e gritem à minha voz. Vocês já estão perdidos, eu me desminto, eu os desafio, eu me furto: vocês dizem que eu me defendo.**

O conjunto desses traços não pode deixar de evocar uma cena S/M, mais exatamente, uma primeira cena S/M. Mulher verdade segura o chicote e o melhor que cada um pode fazer é tornar-se um de seus cães. É de qualquer modo muito ousado, por parte de Lacan em Viena, essa maneira de situar cada um de seus ouvintes como cão de Diana; e explicamo-nos melhor, se era este seu objetivo, que ele teve que desviar um pouco para Freud a atenção e mudar de registro enunciativo para fazer passar esse mito. Com efeito, ninguém pode mais ser o mestre da verdade, nem mestre de verdade. Logo, era preciso o *acting-out* ou a passagem ao ato, pois era preciso que a própria verdade tomasse, ainda que de maneira estranha, a palavra (voz de Lacan, boca de Freud). Lacan torna manifesto que por Freud a verdade rompe com o domínio que se pretendia ter sobre ela. Se deve restar um mestre, será ela. Aliás, a prosopopeia contém a fórmula dessa ruptura (p. 410):

> **O comércio de longo curso da verdade não passa mais pelo pensamento [...]**[21].

4. Bruno / Lacan

Assim, qual é essa cena S/M em sua versão desdobrada? Ao mesmo tempo que a representa, Lacan pouco a pouco desvenda seu teor.

A articulação da cena S/M com a doutrina da verdade freudiana é a seguinte: segundo essa doutrina (*dixit* Lacan), o homem não escapa à verdade, ele é "sem refúgio contra...", contra o que será a versão da verdade aqui alegada por Lacan, a saber, "... o engano" (p. 410). A que se deve essa ausência de abrigo? Ela se deduz pelo fato de que a verdade fala em outro lugar que em seus pensamentos, asserção que, após dois pontos, se prolonga assim:

---

21 Elisabeth Roudinesco faz daquele que pronunciou essa frase o autor de um "sistema de pensamento"! Faz-se melhor em maneira de contra-senso?

> **[...]: coisa estranha, parece que seja doravante pelas coisas: *rebus*...[22].**

Como a isso convida a etimologia, Lacan joga aqui com a palavra: *rebus*, dativo ou ablativo plural de *res*, "coisa", mas também, desta vez em francês: o rébus. Apresentando-se sob forma de rébus (atos falhos, sonhos, trocadilhos), as coisas sinalizam. Que se precipite na direção dos prazos da verdade ou que fuja deles importa pouco, pois esses prazos agarram o homem por trás, ele não pode escapar.

Esse "por trás" não pode muito ser interpretado de outro modo que como aquilo em que pensamos. Cada um, querendo ou não, é um *katapugon* da verdade, de mais a mais não suscetível de se subtrair a seus assaltos. Já há aí uma personificação da verdade em mulher falófora, isto em conformidade com a figura de Diana. Tanto que essa amostra de bravura enunciativa termina num desafio, aquele que "a grande enganadora" (p. 411) endereça a cada um:

> **Procurem, cães que vocês se tornam ao me ouvir [...] Entrem em liça ao meu apelo e gritem à minha voz. Vocês já estão perdidos, eu me desminto, eu os desafio, eu me furto: vocês dizem que eu me defendo. (p. 411)**

Temos aí pelo menos dois personagens, a grande enganadora e seus cães, aos quais é preciso acrescentar Freud, esse herói que descobriu o quê? Pois bem, justamente, a verdade, essa verdade mesma que nos desafia, nós, pobres cães.

Quase todos os elementos estão então instalados para que Lacan passe ao regime superior, ao que ele chama "uma metáfora mais grave" (p. 412), isto é, à cena S/M desdobrada.

Mas, primeiramente, como situar essa primeira cena? Trata-se de uma metáfora? Em Bruno, o mito de Diana e de Acteão vale metáfora, a cada elemento do relato mítico corresponde um elemento da busca da verdade: a caça é caça ao ser, os animais do bosque são os conceitos, Diana é a natureza, "Acteão significa o intelecto aplicado à caça da divina sabedoria", etc. Bruno desfia a metáfora[23]. E o relato também parece ser uma metáfora em Lacan, já

---

22 Pensamos em "Correspondências": "A natureza é um templo onde vivas pilastras / Deixam às vezes sair confusas palavras; / O homem ali passa através das florestas de símbolos / Que o observam com olhares familiares" (Charles Baudelaire, *Œuvres complètes*, Lausanne, La guilde du livre, 1967).

23 G. Bruno, *op. cit.*, p. 204.

que nos fala de uma "metáfora mais grave". Mas seria possível, ao contrário, que ele dissesse metafórica a cena para melhor representá-la no real, já que o esquecimento de Freud é real, tão real quanto se quer ser o retorno a Freud. Essas iniciativas – conjuntas – não são metafóricas.

Eis o texto do mito, contado num soneto por Bruno:

> **Nos bosques, o jovem Acteão, embora o destino o introduza na via duvidosa e imprudente, desamarra mastins e lebreiros e lança-os no rastro dos animais selvagens.**
> **Ora, eis que, no seio das águas, ele vê o mais belo busto e o mais belo rosto que o olho mortal ou divino pudesse ver – púrpura, alabastro e ouro puro. Ele o viu, e o grande caçador passou a ser a caça.**
> **O cervo que, para o mato mais fechado, dirigia sua corrida mais ágil logo foi devorado pela matilha numerosa de seus grandes cães.**

O último terceto, antes do comentário, já dá a interpretação:

> **Assim, lanço meus pensamentos para a presa sublime, e meus pensamentos voltados contra mim me fazem morrer sob seus dentes cruéis.**

Essa versão é próxima da primeira e mais simples cena S/M de Lacan.

Por certos aspectos, o esquema é o mesmo que o do encontro amoroso do eraste e do erômeno, ainda que, aqui, existam três personagens: Diana a verdade, Acteão o filósofo, buscando/caçando a sabedoria, e os cães pensamentos do caçador-pesquisador. Notadamente, num e noutro encontro, estamos às voltas com a mesma inversão: da mesma forma que o eraste que sofre a ação do erômeno torna-se primeiramente passivo, da mesma forma o caçador sofre a ação do animal caçado até passar a ser ele mesmo, enquanto animal caçado, aquele que sofre a ação do outro.

Lacan era sensível a essa dimensão escravagista, até mesmo sacrificial da caça:

> **A caça, sim... não sei..., < > de qualquer modo, apesar de tudo, não é absolutamente supérfluo ver nisso justamente uma virtude do homem, a virtude pela qual ele mostra o que tem de melhor: passivo. [...] Para o camponês, a caça deve ser abatida, então pan! pan! Trazem para ele isso tudo. Caçar não é nada disso. A caça, quando existe, basta ver em que transes ela os metia: isso porque sabemos,**

> **tivemos pequenos rastros de tudo o que eles ofereciam de propiciatório [...] Se tinham podido matar o animal, era porque se tinham tão bem submetido a tudo o que é caminho dele, seu rastro, seus limites, seu território, suas preocupações sexuais para que justamente tomassem o lugar do que não é isso: a não-defesa, a não-cerca, os não-limites do animal, a vida para dizer a palavra[24].**

O neoplatonismo de Bruno acentua de modo tão forte quanto possível essa transformação necessária do animal de caça em presa. Os comentadores notaram, mais ainda que o *Banquete*, o *Fedra* instala o amor na reminiscência. Assim é que, no derradeiro encontro constituinte da unidade buscada, o amor pelo objeto e o objeto – a nobre face – fazem apenas um. Ele se torna a verdade, aquele que busca a verdade, como se torna animal caçado aquele que caça o animal. Paul-Henri Michel escreve, em sua introdução aos *Furores heroicos*:

> **[...] o homem "que tem o ardente desejo das coisas divinas" sabe que a luz que o atrai também é o fogo que o consumirá antes mesmo que ele o tenha atingido; mas, longe de desanimar, ele se compraz nessa tortura e em nela se apazigua[25].**

Bruno, ao ressaltar essa crueldade erótica em jogo no amor reminiscência (por referência ao "teatro da crueldade" de Artaud, aquele que teve apenas uma única representação[26] no teatro do Vieux Colombier em 1947; poderíamos falar de uma "caça da crueldade") retoma um traço pertinente do mito original. Diana-Ártemis (irmã de Apolo) é ela mesma um caçador. Ela não

---

24 J. Lacan, *... ou pior*, seminário inédito, sessão de 17 de maio de 1972.

25 G. Bruno, *op. cit.*, p. 50 (cf., igualmente, pp. 47-48).

26 Reflexão em voz alta de André Gide, em 13 de janeiro de 1947, à saída da conferência intitulada "História vivida de Artaud o Momo": "Somos todos zeros à esquerda!". Citado por Bertrand Poirot-Delpech, "La passion selon Arthaud", *Le Monde* de 8/9 de março de 1997, p. 12. Com Gide, no público: Audiberti, Bataille, Breton, Paulhan. Evidentemente, nenhum psiquiatra nem psicanalista, *personæ non grata*. Gide descreveu o "rosto consumido pela chama interior, as mãos de quem se afoga, estendidas para um inapreensível socorro... revelando todo o desamparo humano, uma danação sem recurso, sem outro escapamento que num lirismo furioso... palavras sujas, imprecatórias" [...] "um homem miserável, atrozmente sacudido por um deus... oferecido aos abutres devoradores". Se for possível acrescentar uma observação a essas espantosas indicações, será apenas para sublinhar que a frase de Gide deveria figurar na entrada de todos os hospitais, hospícios e outros centros psiquiátricos, assim como na entrada de cada lugar que se quer freudiano ou lacaniano, a começar pelos consultórios.

era uma pessoa meiga: a Ártemis de Tárida gostava de sacrifícios humanos; seus ritos eram de uma selvageria marcante; virgem, ela mata as mulheres grávidas e todos são prevenidos de que numerosas foram as vítimas de suas cóleras, notadamente Ifigênia, sacrificada após uma fanfarronada de seu pai que pretendia ter-se comportado como melhor caçador que Ártemis. Como o irmão (e como o eros-erômeno), ela está armada de um arco, protegendo as amazonas e vivendo, como elas, independente do jugo dos homens.

Eis, pois, o personagem que Bruno eleva ao nível de Dama do amor cortês e de representante de figura da absoluta verdade. Quando Acteão a encontra, ela, sua tia-avó (ele é filho de Aristeu, filho de Apolo), embora não fosse a confrontação de um homem e de uma mulher nua, estariam aí dois caçadores face a face, com certeza encontro tão impossível quanto o da verdade. Mas essa relação em espelho logo é encoberta pela dupla dissimetria que logo se instaura: I. Acteão fascinado perde todo poder de caçador, e II. ele não deveria ter visto a nudez de Diana. Pode-se dizer, não deveria ter visto que ela era coisa diferente daquele caçador que ela pretendia ser? Que ela era mulher? Isso não é seguro. Seria preciso interrogar a mitologia sobre esse ponto. Seja como for, como que para melhor assentar seu estatuto de caçador, Diana incita os próprios cães de Acteão contra ele, conseguindo que o devorem sem saber que ele era o dono [mestre]* deles.

5. Do mestre-cão

Porque a verdade freudiana é inesquecível por excelência (o nome disto é *Unbewusste*), não há nada de melhor a fazer, acaba de dizer Lacan em Viena, que dela se tornar o cão. Assim, pelo menos no que se refere ao domínio, domínio do mundo, domínio de si, a verdade aparece como um tratamento bem cruel infligido ao homem. Qual exatamente? No primeiro roteiro S/M apresentado por Lacan, a Diana-verdade lança um desafio ao homem: que ele a entenda! Isto implica que, ao ouvi-la, ele se torne seu cão.

O que é, pois, esse cão? Primeiro um cão, essa vida de fidelidade que pode chegar até a se deixar extinguir junto do cadáver do dono e a respeito do qual Coloane se pergunta "Que outro animal se deixa morrer assim ao lado do

---

* Em francês, o *maître* tanto é o *dono* quanto o *mestre*. (NT)

dono? – Só o cão [...][27]. Mas também um cão de caça, isto é, um cão que caça. No que se refere à problemática selvageria/domesticidade, que, sabemos, não está ausente do texto freudiano, o cão de caça tem um estatuto bem particular. Ele é domesticado, mais do que o é o cão doméstico já que o dono dele obtém que domestique até seus instintos de caçador *sem deixar de mobilizá-los*. Em outras palavras, o dono [mestre] espera que ele domestique os próprios instintos que ele mesmo vai pôr em ação, vai utilizar para sua caça[28].

Assim, obtém-se do cão de caça que se comprometa a fundo na perseguição do animal caçado – às vezes será até colocado em situação para isso ao ser deixado com um pouco de fome; mas, uma vez descoberto o animal, isto é, uma vez posto em movimento seu instinto de caçador, o cão de caça deverá parar imediatamente, esperar que o dono mate o animal, não comer nada, não tirar, durante um momento (breve ou longo mas em todo caso marcado), nenhum proveito de sua corrida em termos de "devorar". Há bem o caso em que é de tradição que uma parte do animal caçado lhe seja reservada; é então o encarne; mas este não elimina o momento de bloqueio, de impedimento, momento de colocação em suspenso da realização da sequência instintual, bem antes o sublinharia. Esse cão de caça está portanto perfeitamente domesticado, mas de maneira tal que essa domesticação não terá embrutecido, não terá siderado seus instintos; nesse sentido, ele terá permanecido um cão selvagem. O grau de submissão e de domínio (isso caminha junto, a despeito de Hegel!) que dele é exigido nessa *performance* é, quanto a isso, considerável.

Toda a metáfora do domínio das pulsões que, após ter estendido seu

27 Francisco Coloane, *Tierra del fuego*, Contos traduzidos do espanhol (Chile) por François Gaudry, Paris, Phébus, 1994, p. 112.

28 Um retrato de Jean-Marie Le Pen [líder da extrema-direita francesa (NT)], realizado pelo fotógrafo Helmut Newton em 1997, representa-o de terno, sentado, colocando a mão, que podemos imaginar firme até em sua descontração, em seus dois dobermans. Essa foto é uma réplica de um célebre retrato de Hitler, tirado em 1925 por Heinrich Hoffman, fotógrafo oficial do futuro ditador. Helmut Newton quis essa encenação, não se sabe se foi pensando ou ignorando o retrato de Hitler. Seja como for, o fotógrafo declara: "Um bom retrato deve mostrar a razão de ser do personagem, e penso que esse retrato a mostra" (*Le Monde* de domingo 30 de agosto de 1998, p. 19). E por certo a retomada do retrato de Hitler não contradiz essa declaração. É ao cão bravo mas dominado que se pede ao militante do partido para se identificar imaginariamente, para ter direito assim a um carinho do dono. A insistência desse retrato, doravante um topos, deveria nos convidar a completar a análise da psicologia de massas que Freud e Lacan após ele propuseram. Não se trata simplesmente de uma dupla identificação: simbólica ao traço do ideal do eu (o bigodinho de Hitler), e imaginária ao cão; trata-se de uma cachorrada e de domínio; trata-se de uma caça, não de política.

domínio sobre o pensamento antigo (cf., notadamente, o segundo estoicismo – Foucault elegia Sêneca), acabou infiltrando a psicanálise freudiana está, quanto a isso, perfeitamente encarnada pelo cão de caça. O cão de caça é como que a figura ideal desse mestre antigo. Ele tem sucesso ali onde muitos donos fracassavam (muitos textos nos relatam esse fracasso).

J. Redfield (citado por Alain Schnapp[29]) notou que, nas cenas de caça da *Ilíada*, não é o caçador mas o predador, o cão, que está no centro:

> **Os caçadores valem porque se identificam com os predadores [...].**

A relação entre o caçador e seu cão é, portanto, uma relação que comporta uma dimensão narcísica. O cão de caça é ele mesmo um caçador, primeiro traço comum, digamos no nível do instinto. Mas é também, noutro nível, o ideal de seu dono [mestre]. Assim, a relação entre eles é tensa e sabe-se bem, entre os caçadores, que ter um bom cão de caça é algo extremamente precioso.

Desde a primeira versão da verdade construída por Lacan, Diana a caçadora tem problemas com seus cães. Eles estão perdidos[30], até se voltando contra a dona. Enquanto perdidos, não são mais seus cães, não são mais nem cães, como nos indica o "procurem, cães que vocês se tornam ao me ouvir". Assim, Lacan constrói, no lugar dos cães, uma alternativa algo maniqueísta. Ou então são bons cães de caça que buscam decifrar a verdade escrita nas coisas (rébus); e, nesse caso, com Freud / Lacan, eles vão prosseguir a corrida até

> **[...] o limite quase místico do discurso mais racional que já houve no mundo [*ainda a ênfase*], para que nele reconheçamos o lugar onde o símbolo substitui a morte para se apoderar da primeira intumescência da vida[31].**

Ou então caem de seu estatuto de cão, não aceitando o desafio de Diana, recusando gritar à sua voz, entrar na liça ao seu apelo; e, nesse caso, vão seguir o exemplo dos *sabujos*, título de uma comédia de Sófocles, aos quais Silene, depois de tê-los posto para trabalhar para encontrar as vacas de Apolo e embolsar a recompensa prometida pelo deus declara:

29 Alain Schnapp, *Le chasseur et la cité, Chasse et érotique dans la Grèce ancienne*, Paris, Albin Michel, 1997, p. 50.

30 J. Lacan, "La chose freudienne", *op. cit.*, p. 411.

31 *Ibid.*, p. 412.

> **Servidores preguiçosos, bagunceiros, corações escravos, desprovidos de espírito, espertos apenas com a língua e a braguilha. [...] Quando penso, vil e bestial ralé, que vocês nasceram de um pai como eu [...] Queiram voltar à pista dos animais e do vaqueiro, ou vou fazê-los piar forte, poltrões, e desta vez o barulho virá de vocês[32].**

São, com pequenas diferenças, as palavras que Lacan fará Freud dizer em intenção de seus seguidores renegados!

Logo, há lugar para alguém – Lacan – que os traria de volta ao bom caminho. Recolocar os cães no bom caminho é ajudá-los a serem os cães de Diana. Com que argumento decisivo? Se há um limite "quase místico" do discurso, esse limite ao qual Freud trouxe o seu, e se a verdade for o inesquecível por excelência, ela o será por uma razão só ela decisiva, é que não se pode esquecer a morte (exceto na morte, segunda, além disso). Ora, essa morte, esperando que seja alcançado esse limite, tem seu substituto no símbolo. Logo, é uma escolha preferível pois conforme a esse fim, o dos símbolos, em outras palavras (pois é aqui equivalente), o de entender os signos que estão nas coisas.

Lacan, aqui, ocupa a posição de Diana; ele segura o açoite gritando aos renegados: escolham a verdade e a morte, escolham o símbolo. Aliás, uma complexificação desse roteiro S/M vai vir acrescentar à cenoura o bastão*, vai dizer o que resulta de não se fazer cão.

Mas, já no nível desse primeiro roteiro, estamos às voltas com um respondente teórico dessa erótica, em outras palavras, com uma interpretação inédita da verdade, e até com duas.

6. Duas reinterpretações lacanianas da verdade

Primeira reinterpretação da verdade

Ser cão de Diana corresponde a "entender os signos que estão nas coisas". A partir daí, Lacan vai retomar a definição clássica da verdade para recuperá-la a seu proveito, para reinterpretar-lhe a história, para ressaltar-lhe a pertinência mas apenas após ter-lhe sensivelmente mudado o teor (como ele

32 Sófocles, *op. cit.*, p. 314.

* Metáfora muito usada para exprimir que, se o "estímulo" não for suficiente, pau naqueles que não reagiram ao "estímulo". (NT)

o faz para Descartes ao escrever: "Penso: 'logo sou'", para Saussure ao escrever S/s, etc.). Trata-se de uma dessas interpretações de grande envergadura da qual seríamos tentados a dizer que ele tem o segredo, se ela não fosse o lote cotidiano não só do psicanalista mas do primeiro bufão ou humorista que vier. Trata-se, pois, de um jogo de palavras, mas em latim, e que se apoia no primeiro jogo de palavras que ele já fez, passando do latim ao francês, estabelecendo um laço entre *rebus* (as coisas) e rébus (o rébus).

Logo, a verdade é classicamente dita *adæquatio rei et intellectus*. Desde Saussure, mas, para falar explicitamente a verdade, desde Kant, e especialmente (para Lacan) Kant substituído por Heidegger[33], isso não se sustenta mais. Isso doravante se sustenta tanto menos porquanto Lacan cogita com seu ternário simbólico, imaginário, real.

O que aconteceu a partir de 1953, momento da invenção desse ternário? Saussure ("A instância da letra..." logo confirmará esse traço) veio a propósito dizer que "a unidade de significação [...] se revela jamais resumir-se numa pura indicação do real"[34]. O conjunto das unidades de significação compõe a "segunda rede", que Lacan situa sob a rede do significante, que só toma seu valor do conjunto dos significantes, toda significação é constituída em relação a um conjunto. Logo, não há mais "nomenclatura" (dizia Saussure), correspondência direta entre um significado (ele dizia "um conceito") e um objeto. Logo, isso torna obsoleta a definição clássica da verdade. E quando Lacan diz aqui "a *coisa* (freudiana)", esse próprio nome implica que essa coisa não é um objeto, um *Gegenstand*.

Ora, há um meio de recuperar a definição clássica da verdade. Basta jogar com *res* (o objeto) / rébus para afirmar que pode haver uma adequação entre o rébus (em outras palavras, um conjunto de objetos mas tomados na medida em que fazem sinal [*font signe*] e até na medida em que são signos) e sua inteligência (em outras palavras, sua decifração). A verdade é a adequação do rébus à sua leitura. Espantamo-nos menos, daí, que o leitor seja um cão. Se "cão" quer dizer submissão, é, com efeito, de uma leitura submissa que se trata (isto independentemente do fato de que essa submissão seja vivida como

---

33 Cf. Alexandre Koyré, "L'évolution philosophique de Martin Heidegger", *Critique*, nº 1, 1946, pp. 271-304. Estudamos esse texto um pouco mais adiante.

34 J. Lacan, "La chose freudienne", *op. cit.*, p. 414.

uma divertida brincadeira de criança ou como uma perseguição[35]).

> *Adæquatio rei et intellectus*, **assim se define o conceito da verdade desde que existem pensadores, e pensadores que nos conduzem pelas vias de seus pensamentos. Um intelecto como o nosso há de estar realmente à altura dessa coisa que nos fala, ou mesmo que fala em nós [...]**[36].

Formidável retomada do conceito de verdade! A adequação bem vai ocorrer, mas será não mais aos objetos, mas, *via* "leitura decifração", à coisa. E Lacan acrescenta, com uma incrível cara-de-pau, ainda que essa cara-de-pau esteja escorada pela análise de que uma carta [*lettre*] sempre chega ao destino, ainda que seja exigível, nem que seja para que haja psicanalista possível, que, essa coisa:

> **[...] daria gosto ver que ela não encontra com quem falar.**

Estamos, pois, às voltas com uma passagem ao limite. Se toda significação só se determina passando pela rede das significações tomada como conjunto, a esse conjunto corresponde uma verdade ela mesma de conjunto. Não mais a verdade de um objeto mas verdade da coisa, nome do referente desse conjunto.

Que essa referência seja como tal sexual, disso encontramos um indício no fato de que Lacan, prosseguindo nessa via, acabará dizendo que o falo é a única *Bedeutung*, o único referente.

Foucault e a prova de verdade

Uma certa apreensão daquilo que estaria em questão nesse limite pode nos ser dada por uma experiência vivida, que poderia lhe corresponder. Admitamos que o gênero de verdade em questão seja algo com o que Foucault esteve às voltas nessa experiência limite que, segundo James Miller e outros, ele teve no *Death Valley* em 1975. Trata-se de sua experiência com LSD. Há um mundo entre esse ato de Foucault e a ridícula tentativa de Sartre de tomar mescalina no hospital Sainte-Anne sob o controle de Daniel Lagache.

---

35 Em *Letra por letra* [traduzido no Brasil como *Clínica do escrito* pela Companhia de Freud], encontramos a indicação de que a perseguição desdobra da melhor forma a estrutura dessa leitura.

36 J. Lacan, "La chose freudienne", *op. cit.*, p. 420.

Sartre, achando muito desagradável a perda do autocontrole (daí o médico a seu lado), jurou nunca mais recomeçar. Foucault, por sua vez, sob o domínio do LSD ou liberado pelo LSD (não se sabe o que dizer), logo declarou aos dois recentes amigos que o haviam comprometido na aventura; embora, é claro, eles mesmos nela estivessem comprometidos:

> **O céu explodiu e uma chuva de estrelas cai sobre mim. Sei que não é verdade, mas é a Verdade**[37].

Eis, na minha opinião, exatamente a ordem da verdade que corresponde àquela da coisa. E se permanecermos com dúvidas sobre a dimensão erótica dessa verdade, bastará para suprimi-las acolher uma das outras bem raras frases ditas por Foucault naquele momento:

> **A única coisa na minha vida comparável ao que agora sinto é fazer amor com um desconhecido [...] O contato com um corpo que não conhecemos permite ter uma experiência com a verdade semelhante àquela que estou vivendo neste momento.**

O nome foucaultiano do dispositivo que permite o acesso à verdade que jaz no prazer é: "prova". É pela prova que a ela temos acesso, não pela investigação, via real da iniciativa científica. A palavra já indica que o masoquismo aí tem sua parte. A prova é comprovante. Foucault encontra uma exemplificação na "crise", aquela descrita pela medicina e situada como um momento de verdade[38]. Essa noção de "momento de verdade" está longe de estar ausente de "Sentido de um retorno a Freud". Sem ela, o artigo desaba. Logo, é por ela que, logicamente, essa intervenção se conclui.

Não se trata, em tudo isto, de argúcias teóricas sem consequências, notadamente para o exercício da psicanálise. Ao contrário, essas consequências são maciças, diretas, imediatas. Não se trata de nada menos que determinar o que faz o psicanalista, em quem a coisa acaba falando, isto é, acaba sendo ouvida em seu falar. Eis o psicanalista como (possível) bom entendedor. Logo, em seu nível, encontramos a alternativa dos cães, dos sabujos. Ou então o psicanalista objetivará seu paciente, lhe falará dele, e nesse caso não será nem psicanalista nem portanto cão da verdade. Ou então ele falará com

37 J. Miller, *op. cit.*, p. 287 (o episódio Sartre), 288 (a citação acima) & 289 (a citação seguinte).

38 Essa problemática é ampla e inteligentemente desenvolvida por J. Miller, *op. cit.*, cap. VIII.

o paciente não dele (o paciente, mas não tampouco o analista) mas da coisa que fala nele, e nesse caso ele será o cão dessa coisa que fala no próprio ato de dizer sua verdade[39].

Logo, o *adæquatio rei et intellectus* designa a regulação do *intellectus* sobre essa coisa. Podemos acrescentar (mas essa dimensão não está muito presente em "Sentido de um retorno a Freud" – esse defeito dando a essa intervenção seu tão penoso inchaço) que é a própria realização dessa adequação que leva essa coisa à sua perda, que faz dela uma coisa, decerto, mas... perdida.

Segunda reinterpretação da verdade

Esse traço da coisa perdida, realizando-se como coisa em vez de sua perda, transparece na outra reinterpretação de *adæquatio rei et intellectus*, aquela que vem bem no fim da intervenção nos seguintes termos:

> *Adæquatio rei et intellectus*: **o enigma homonímico que podemos fazer brotar do genitivo *rei*, que, sem sequer mudar de acento, pode ser o da palavra *reus*, a qual quer dizer parte em causa num processo, particularmente o acusado, e, metaforicamente, o que está em dívida por algo, surpreende-nos, no fim, ao dar a fórmula da adequação singular cuja questão colocávamos para nosso intelecto e que encontra sua resposta na dívida simbólica pela qual o sujeito é responsável como sujeito da fala[40].**

Com efeito, lemos num dicionário latino:

– *Res, rei* (genitivo) ... da coisa

– *Reus, rei* (genitivo) ... da parte (apelante ou defensor), *reus pecuniæ*, "que deve dinheiro", *reus voti*, "que se comprometeu por um voto". No genitivo, *res* e *reus* são, com efeito, estritamente homófonos e homógrafos. Logo, o que indica essa outra e não menos formidável interpretação?

O jogo translíngua sobre *res*/rébus fazia bascular o conjunto do problema da verdade para o campo da linguagem, já que as coisas (*rebus*, dativo e ablativo plural de *res*) eram os signos que a coisa (*res*) espalhava no mundo, cabia aos cães saber decifrá-los. Com esse derradeiro retorno à definição clássica da verdade, eis que o próprio Lacan nota uma mudança: a adequação

39 J. Lacan, "La chose freudienne", *op. cit.*, pp. 420-421.

40 *Ibid.*, p. 434.

torna-se "singular". O que dizer? O caso aqui presente é o do homem dos ratos. A coisa que fala em sua neurose e em sua transferência a Freud é a prevaricação de seu pai para com o próprio desejo dele, o pai. Não sabendo de que se trata em seus sintomas, qual é "a malha rompida da cadeia simbólica", o homem dos ratos permanece sob o domínio do supereu. Segundo Lacan, a confissão dessa prevaricação, dessa fala até o presente fora de seu lugar na cadeia, realiza a "singular adequação" nesse sentido de que então:

> **[...] a fala sabe cobrar [*recouvrer*] a dívida que ela engendra**[41].

"*Recouvrer*", latim *recuperare*. O dicionário *Le Robert* dá como primeiro sentido: "entrar em posse", depois: "receber o pagamento de (uma soma devida)". A adequação aqui retorna a algo com o que a intelecção está às voltas e que não é de ordem unicamente linguageira, ainda que a fala a um só tempo pague e cobre a fatura, a saber, a dívida simbólica. A confissão da verdade – o inesquecível – que o sujeito não pôde evitar, já que, ao contrário, "o banquete de seus desejos"[42] não cessava de padecer disso, é adequada no sentido de que vale como pagamento da dívida simbólica.

Assim, a verdade é *adæquatio rei et intellectus* no sentido de que a fala verdadeira é paga com uma coisa, digamos: em espécie. Exemplarmente, segundo Lacan será a libra de carne exigida pelo mercador de Veneza.

Se bem há uma cachorrada nessa submissão à fala e a seu preço, o problema analítico consiste em a isso levar o sujeito. E é a esse propósito que Lacan, falando-nos de Freud e de seus seguidores, desenvolve mais amplamente o roteiro S/M primeiramente apresentado sob uma forma quase binária, com dois personagens: Diana e seus cães.

7. A metáfora mais grave

Lacan inventa por completo algo que não está presente nem no mito nem em Bruno, a saber, um caçador – Acteão/Freud – que, desde o início da caça, tem problemas com seus cães. Evidentemente, isso não facilita uma caça já difícil e até prometida ao fracasso. A "metáfora mais grave" se inicia, assim, com a imagem de um Freud

---

41 *Ibid.*, p. 435.

42 *Ibid.*, p. 433.

> **[...] perpetuamente deixado por cães desde o início despistados, e que ele se esforça em lançar novamente em sua pista, sem poder diminuir a velocidade de sua corrida na qual só sua paixão pela deusa o leva[43].**

Eis uma caçada um pouco curiosa, comportando um conjunto de jogos eróticos de poder/submissão. Há primeiramente esses cães "despistados". A palavra soa de modo estranho no contexto de uma caça em que costuma ser o animal caçado que é despistado. Logo, esse "despistados" remete ao início da caça, se podemos chamar "início da caça" o momento em que o caçador procura cães.

Se quisermos dar um respondente histórico a esse relato (embora até saibamos hoje que ele deve ser lido como um mito, que por exemplo o lugar histórico de Lacan no movimento freudiano não foi aquele que ele se dava naquele dia e que vamos precisar), somos enviados à constituição do primeiro grupo de discípulos, após a ruptura Freud/Fliess, isto é, após o fracasso da caça a dois. Logo, trata-se do grupo dos vienenses, que se reuniam nas quartas-feiras à noite na casa de Freud, depois, da internacional de psicanálise.

A série dessas "renegações"[44] parece dar razão a Lacan quando, passando ao limite da série, ele fala de um Freud "perpetuamente deixado". Na verdade, isso não é tão simples. Se essa perpetuidade, à qual ele se refere, se mantivesse, não haveria lugar para o retorno a ..., não, aliás, a Freud mas a algo a um só tempo mais radical e mais explicitamente erótico, um retorno "ao início da caça"[45]. Em outras palavras, esse "perpetuamente" tem essencialmente um alcance não descritivo mas de instalação contrapontística da função do "anunciador"[46], aquele que, justamente, deverá trazer cada um à sua e à cachorrada freudiana.

Achávamos que Freud, deixado por seus cães, não poderia chegar ao fim de sua caça. Pois bem, nada disso! É este outro sinal do caráter mítico desse relato. Freud foi até o fim, não tendo podido

> **[...] parar senão nas grotas onde a Diana ctônia[47] na sombra úmida que as confunde com o abrigo emblemático da verdade, oferece à**

43 *Ibid.*, p. 412.

44 *Ibid.*, p. 402.

45 *Ibid.*, p. 412.

46 *Ibid.*, p. 401.

47 Uma mente prevenida pode sugerir: trata-se de Marie Bonaparte?

> **sua sede, com o lençol uniforme da morte, o limite quase mítico do discurso mais racional que já houve no mundo [...].**

Nesse relato de Lacan – outra diferença com o mito e também com Bruno –, parece bem que o animal caçado de Acteão seja... Diana! Nada no mito vinha marcar que Acteão era movido por uma paixão por Diana. É fortuitamente que se encontram. E Quignard não deve estar errado em interpretar a transformação de Acteão em cervo quando avista Diana em sua nudez como uma passagem à animalidade, em outras palavras, como significando o fato de que ele fica então em ereção[48]. Ora, eis em Lacan, após os cães-animal-caçado, Diana-animal-caçado. Manifestamente, não estamos numa lógica regrada pela realidade.

Vem então outra mudança introduzida por Lacan, ligada à primeira, isto é, ao caráter defeituoso dos cães de caça. No mito, Diana, que se quer caçador e não animal caçado, amazona e não mulher desarmada, Diana que caiu por acaso, quando estava nua, sob o olhar de um caçador, vinga-se de Acteão fazendo-o ser devorado por seus próprios cães. Logo, estes manifestam uma certa cegueira, até mesmo uma certa fraqueza em sua domesticação (em seu domínio), já que não farejam que estão devorando não um cervo, mas o próprio dono. É o encarne selvagem; não há dono algum para, no último momento, dominar o instinto de caçador dos cães. Ora, segundo Lacan, os cães de Freud também fraquejam, mas de modo diferente. Falta-lhes esse instinto de caçador que os de Acteão não dominam, tanto que em vez de devorar Freud-Acteão, que em vez de satisfazer assim às exigências da verdade que são as de Diana, vai lhes acontecer uma aventura bem mais desagradável, eles mesmos vão se tornar, segundo uma fórmula que Lacan retomou de Bruno, "a presa dos cães de seus pensamentos" (Bruno escrevia "*pensers*"*).

Há aí uma notável economia (nos dois sentidos desse termo): em vez de Freud devorado por ordens de Diana, será cada analista. Eis, pois, a resposta a um chiste de Lacan que colocava a questão: – "Aonde, pois, Lacan levaria seus alunos?". Resposta: – "A devorar Freud como seus cães devoraram Acteão". É esta a erótica do "retorno a Freud".

Ou, antes, assim deveria ser essa erótica, ou assim deveria ter sido essa

---

48 Pascal Quignard, *Le sexe et l'effroi*, Paris, Gallimard Folio, 1994, p. 263.

* *La pensée* [o pensamento] possui uma forma literária com ortografia e gênero diferente: *Le penser*. (NT)

erótica, pois os cães-de-alunos se abstiveram, recuaram, não tendo admitido, estes, contrariamente a Lacan, que Freud como Acteão tinha, ele, de fato chegado ao fim: que ele vira a verdade nua até ser devorado por seus cães.

Freud, por ter atravessado a prova, permanecia em posição de exceção. Seus cães não podiam refazer seu gesto pois estavam às voltas não só com Diana mas com Freud, que atravessara a prova. A solução para eles difere, portanto, daquela de Freud. Eles precisavam devorar Freud para ficar como ele diante da verdade como o inesquecível por excelência. Precisavam de uma pulsão antropofágica. Precisavam não ficar submetidos a esse interdito fundador[49].

Como isso não aconteceu, eis a intervenção de Lacan. Ele vai propor a seus ouvintes (aqueles que ele mais tarde devia identificar como "o fundo mais baixo do mundo psicanalítico"[50]) uma outra relação com Diana, com Freud e, agora, com ele. Por essa proposta, ele termina sua intervenção, à maneira de Bruno, isto é, poeticamente. Mas ele mascara sua poesia. Lendo o parágrafo que introduz o poema, ouvimos sem equívoco o apelo à submissão que ele comporta, a uma submissão a uma verdade "antes desumana":

> **Pois a verdade aí** [*id. é: nas três impossíveis apostas: educar, governar, psicanalisar*] **se afigura complexa por essência, humilde em seus ofícios e estranha à realidade, insubmissa à escolha do sexo, parente da morte e, em suma, antes desumana, Diana talvez...**
> **Acteão culpado demais, caçado pela deusa,**
> **presa em que se prende, monteiro, a sombra que tu te tornas,**
> **deixa a matilha ir sem que teu passo se apresse,**
> **Diana reconhecerá os cães pelo que eles valerão.**

É possível fazer melhor, em termos de contrato masoquista?
Concluamos esta leitura.

---

49 Logo, a cena fundadora do *socius* analítico não é, aqui, edipiana. Freud não é o pai da psicanálise. É antes um irmão de cada psicanalista, se há bem esse laço narcísico que dissemos entre o caçador e seus cães. Sobre a fraternidade na psicanálise, leremos com grande felicidade a sessão de 21 de junho de 1972 do seminário ... *ou pior*.

50 J. Lacan, "La science et la vérité", *Cahiers pour l'analyse*, nº 1 & 2 de maio de 1969 (1ᵉ ed. fev. 1966). Nessa edição, notaremos o erro de ortografia "fonds" [*fundo*] em vez de "fond" ainda mais grave porque Lacan o reiterava numa carta a um futuro analisando (cf. J. Allouch – *Allo Lacan? – Certainement pas*, *op. cit.*, p. 60 [publicado no Brasil pela Companhia de Freud]).

Nessa intervenção de 1955, enquanto o inesquecível por excelência, o valor fálico da verdade está situado o mais à esquerda possível do espaço orientado pelos dois eixos de coordenadas; na medida em que ela vem ao sujeito do otro, ela deve estar situada do lado desse otro. *Lethe-hipnos* está evidentemente posto a serviço da verdade, logo, de seu lado. Quanto ao fato de que se trate de um valor fálico, basta, para confirmá-lo, convocar o açoite que Diana detém; o poder está de seu lado e não do lado dos cães. Não falta nem esse traço, o mais característico possível, do falo: não é possível pôr a mão nele, quando queremos agarrá-lo ele se "esquiva", só aparecendo rápido feito um relâmpago.

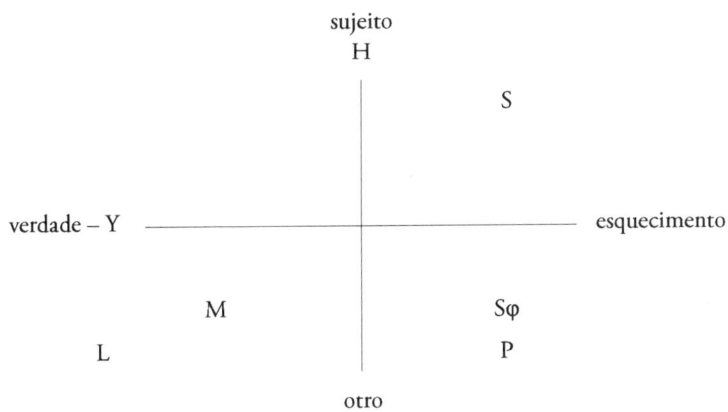

M = Mestre da verdade
H = Hoplitas
S = Sofistas
Sφ = Seitas filosófico-religiosas
P = Powys
Y = Yerushalmi
L = Lacan

Alguns valores da função fálica
Esquema 4

QUINTA SESSÃO, DOMINGO DE MANHÃ

PONTOS DE ORGÃO

1. Sobre a algebrização da função fálica

Com o novo acréscimo de um valor sobre o qual concluímos a leitura de "Sentido de um retorno a Freud", constatamos que a algebrização da função fálica, a despeito de seu grau limitado de formalização, começa a tomar corpo e, por isso, a falar. Com efeito, basta considerar os respectivos valores das diversas figuras para formular "às cegas" certas teses. Esse caráter de "às cegas" é uma prova de que bem há aí um certo grau de formalização.

– Por exemplo, achamos que L é vizinho de M; logo, da posição do mestre de verdade na Grécia antiga. Uma das diferenças notáveis entre essas duas posições sendo o "por excelência" do não-esquecimento. Enquanto o mestre de verdade não tem problema com o esquecimento (digamo-lo assim), L deve, para não ter tampouco problema com o esquecimento, dar à verdade esse poder absoluto de não permitir que a esqueçam. Esse traço, que não está presente em M, faz com que L deva ficar situado mais à esquerda que M, num lugar próximo desse ponto extremo do eixo verdade-esquecimento onde, colocada sobre uma esfera, a verdade, de certo modo "atrás" daquilo que vemos no esquema, reencontraria o esquecimento[1].

– Outro problema que nos vem graças a essa formalização: em sua relação com o sujeito, L, que está do lado do otro, por enquanto, não parece ter contrário (a ser inscrito no alto à esquerda); ou ainda, em relação aos dois eixos, ele não parece tampouco ter contraditório (por esses dois termos, contrário e contraditório, entendemos aqui designar uma oposição em relação a um eixo ou em relação aos dois eixos). Há meio de dar corpo a esses valores? Ou então não correspondem eles a nada?

– Outro problema ainda: o contrário de L, do ponto de vista do eixo verdade-esquecimento, é constituído notadamente pelas seitas filosófico-religiosas. O que pode ser lido assim: na medida em que a psicanálise se faz uma doutrina, ela se compromete *ipso facto* no esquecimento da verdade que, no entanto, ela diz inesquecível.

2. Sobre o retorno a Freud hoje

O que concluir, para nossa atualidade, dessa leitura de "Sentido de um retorno a Freud"? Em outras palavras, que posição tomar em relação à proposição que ali é feita? Resposta: – "É tarde demais para se colocar a questão!" – "Por que tarde demais?" – "Porque, nesse meio tempo, a água passou debaixo da ponte." – "De acordo, mas com quais consequências para com essa proposição e, portanto, para com a resposta que podemos, hoje, lhe dar?".

Dois acontecimentos ocorreram entre 1955 e 1998. Por um lado, Diana faltou ao encontro, o que mostra de modo bem claro a situação da psicanálise em 1998, em que parece não haver nenhuma Diana para reconhecer

1 Subamos só mais um grau a formalização. Os dois eixos só podem ser ditos colocados sobre uma esfera se os encararmos localmente, como se pode falar, metaforicamente, da parte "esférica" para designar o fundo da imagem (clássica nas figuras topológicas de Lacan) de um plano projetivo. Mas o lugar onde cada um dos dois eixos a um só tempo se fechariam para dar como que um círculo colocado sobre a esfera e se cruzariam é um lugar catastrófico, que seria preciso figurar por um furo – um furo feito de tal maneira que a esfera furada não se reduza a um disco, o que de fato pode nos orientar para algo como um plano projetivo. O fato de que cada eixo se fecha sobre si mesmo é exigível para que se possa a um só tempo falar de *dois* termos opostos (verdade/esquecimento, ou sujeito/otro) e ao mesmo tempo de *um único* termo (eixo das abscissas/eixo das ordenadas). Cada uma dessas junções já constitui por si só uma catástrofe: perde-se a verdade no esquecimento do esquecimento, o sujeito não se distingue mais do otro. A dupla catástrofe da junção dessas catastróficas junções não deixa de evocar a dupla torção que devemos fazer o furo da esfera sofrer para obter um plano projetivo.

seus cães, para distinguir aqueles que, de modo masoquista, se submetem. E, portanto, correlativamente – é o outro acontecimento –, na proposição de Lacan em 1955 aparece o toque idealista.

Em Viena, naquele momento, Lacan era uma espécie de Dom Quixote. Ele, aliás, acabará confessando: "Eu falava para o céu"[2]. E ele verá na questão provocada por seu "Sentido de um retorno a Freud": – "Por que ele não diz o verdadeiro sobre o verdadeiro?", questão que, com efeito, anula sua enunciação e rechaça a proposição de uma erótica da verdade, a prova de que eram inúteis seu apólogo e sua prosopopeia.

O texto "A ciência e a verdade" vai portanto retificar o tiro. Talvez devamos até dizer "radicalizar o tiro". Pois Lacan, dez anos depois, em 1965, vai passar da verdade como inesquecível por excelência a algo bem mais arrumado e que não cheira muito bem: a verdade como causa. De que maneira a cena erótica de 1955, nessa verdade como causa, vai ser prolongada, ou destruída, ou modificada, ou anulada? Essa questão se coloca sobre a base de uma certa exposição, como dissemos, da verdade, exposição para a qual terá igualmente contribuído "Sentido de um retorno a Freud". Retomemos os termos de maneira a apreciar melhor a possível radicalização do problema.

3. Verdade, saber, esquecimento, sexo

A verdade, acreditamos saber, é verdade de algo, de um certo objeto, ou de um certo estado de um objeto. "[É verdade que] essa garrafa é de água". Logo, seria esse objeto (o estado desse objeto) que viria garantir que a asserção "essa garrafa é de água" é verdadeira ou falsa. Pelo menos durante séculos se achou isso tanto a coisa parecia evidente. E depois, recuperamo-nos. Kant observou que existem formas do entendimento que intervêm, determinando *a priori* o teor dos enunciados.

Isto não impediu que, por toda uma série de raízes emaranhadas, a verdade permanecesse, notadamente entre os psi de todos os matizes, filosoficamente ligada à realidade, com conceitos como os de sensação, percepção, representação. O que fez Lacan, retomando a tocha de uma crítica que ele não iniciou mas à qual soube dar um aspecto decisivo? Ele cortou essas raízes, quase todas exceto

2 J. Lacan, "La science et la vérité", *Cahiers pour l'analyse*, nº 1 & 2, (1e ed. fev. 1966). Paris, Copedith, maio de 1969, p. 19 & 20. [Esse texto comporta belos erros de datilografia ou erros simplesmente: conjuntura por conjectura (p. 16), tomam por toma (p. 24), cuturando por suturando (p. 30)].

uma, chamando esse toco que restava não mais "realidade", mas "real" (estatuto que podemos dar ao conceito de "coisa freudiana" em 1955).

Entretanto, essa redução crítica da realidade, embora necessária, não é de modo algum suficiente para dar seu pleno estatuto à verdade. Com efeito, a asserção verdadeira, se a definirmos em relação apenas ao real, o que é uma exigência muito limitativa (já que não se encontra todos os dias tão facilmente assim um real), tem o estatuto de um saber. O teorema de incompletude de Gödel é verdadeiro na medida em que é o saber de um certo real, de uma impossibilidade. Logo, um outro termo aqui intervém no jogo verdade / realidade: o saber.

A verdade se define não mais tanto em relação à realidade mas em relação ao saber. Muitas observações de Lacan e até alguns matemas que ele forjou jogam com as relações, complexas, que mantêm entre si os dois termos "verdade" e "saber" (série de Fibonacci, banda de Mœbius, escrita da metáfora, escrita dos discursos, etc.). Poderíamos, deveríamos examinar as variações, em Lacan, das relações verdade/saber. Seria bem interessante. Por exemplo, ao passo que, em "A ciência e a verdade", verdade e saber são tomados como dois lados de um mesmo pergaminho mas para serem logo tornados homogêneos pelo caráter mœbiano desse mesmo pergaminho, em compensação, na escrita dos quatro discursos (do mestre, histérico, universitário, psicanalítico), em que a verdade é um lugar ao passo que o saber é uma das quatro letras que, em seu movimento giratório, ocupam alternativamente cada um dos quatro lugares, a relação entre eles não é mais a de termos homogêneos. Que valor dar a tal mudança? E poderíamos assim, de modo bem legítimo e bem útil, através de tais questões, traçar as grandes linhas das flutuações lacanianas da relação verdade/saber e assim tentar delimitar o valor desses dois conceitos.

Em Lacan, com efeito, eles combinam um com o outro com uma bela constância, fazem par quase inseparável. Os conceitos, de fato, são uma população não tão homogênea nem tão reunida quanto às vezes se imagina: alguns convivem, outros são como estranhos, outros parecem até não ser da mesma espécie, etc. Há aí toda uma geografia dos conceitos que faz com que, por exemplo, o saber fique próximo do gozo (o grande e ilegível texto é a esse respeito "Lituraterre"[3]), o que não é o caso da verdade. Tudo isso, portanto,

---

3 J. Lacan, "Lituraterre", *Littérature* nº 3, "Littérature et psychanalyse", Paris, Larousse, out. 1971.

mereceria estudos locais que, infelizmente, não existem no mercado, antes pobre, do saber lacaniano.

Acontece que não é o viés que tomamos. Se nos aconteceu algo – é o caso de dizer – foi quase de outro lugar que do meio de Lacan, foi em todo caso de um momento da psicanálise anterior a ele, do próprio momento da invenção da psicanálise, do momento no qual ele confiava em "Sentido de um retorno a Freud", momento desse reconhecimento de que o sintoma histérico se erige contra o esquecimento. Partimos de novo dessa ingenuidade, para, de certo modo, fazer dela nosso solo, para fazer nossa clave de sol do esquecimento do esquecimento. Logo, se a antinomia fundamental, na psicanálise, é a da verdade e do esquecimento, o problema verdade / saber deverá ser situado como sendo de ordem segunda.

Mas só esse posicionamento não indica que algo já se desenha, pelo menos sob forma de questão? Se há uma forma de verdade que é aquela do saber, de um saber que se sabe verdadeiro (isto é, que sabe a que limitações ele deve se saber tal, em que "dispositivo de verdade" – diria Foucault – ele é verdade), e se a verdade se opõe ao esquecimento, qual é o laço desse saber e do esquecimento? E isto abre uma questão, que talvez não seja inútil formular de modo explícito: o saber seria o nome lacaniano do esquecimento? O saber seria a verdade esquecida? O saber, em Lacan, seria verdadeiro na exata medida em que essa verdade ali se encontraria esquecida?

Já não é o que ele indica no matema do sujeito, que também é o do significante: $S_1 \rightarrow S_2$? Lacan diz que quando um significante mestre, S_1, vem a representar o sujeito junto a outro significante, S_2, o sujeito "se esvaece" nesse S_2 que é o saber. O que é esse "fading" do sujeito, se não for um certo modo, que deveríamos poder precisar, do esquecimento?

Justo antes de entrarmos nesse problema, duas observações, uma epistemológica, outra erotológica.

I. No plano epistemológico, um sinal de que não conseguimos verdadeiramente cortar os fios que ligam verdade e realidade é o uso que ainda fazemos do termo "representação"; com efeito, esse termo prolonga o emaranhamento escolástico da verdade referida à realidade. Como nos atemos à representação, isto é, a uma versão confusa da relação da asserção com a realidade, perguntamo-nos como estabilizar, até mesmo como parar o jogo, com efeito sem fim, das "representações" e, aí, apelamos para a fantasia, que, com efeito, traz uma certa fixidez para esse jogo. Assim é que após o malogro do significante devido à armadilha da representação, engolfamo-nos num segundo malogro, aquele que pude localizar em *A psicanálise: uma erotologia de passagem*[4], o da pulsão para além da fantasia. O malogro da erotologia pode portanto ser figurado como um desconhecimento dos dois termos extremos da série abaixo: o fato de significante e representante (primeira linha) serem tornados indistintos na representação (segunda linha) tem por consequência o escamoteamento da pulsão para além da fantasia:

SIGNIFICANTE ▶ REPRESENTANTE ▶ FANTASIA ▶ PULSÃO
▶ REPRESENTAÇÃO ▶ FANTASIA

II. A observação erotológica refere-se ao seguinte problema[5]. Uma vez que não deixa rastro, o sexo é uma espécie de via direta do esquecimento e rumo ao esquecimento, o da segunda morte (uma visão antes curta diz que é a primeira, e até... a pequena). Se, pois, o esquecimento é antinômico com a verdade, vemos o quanto é estranho o fato de se perguntar qual é a verdade do sexo. A questão de imediato escamoteia o sexo, em outras palavras, seu objeto. Não há verdade do sexo, logo não há saber do sexo, é antes esta a fórmula sobre a qual o psicanalista tem de se regrar já que, enquanto esquecimento, e mais ainda enquanto esquecimento de esquecimento, o sexo nada tem a ver com a verdade e subverte até toda ideia de verdade.

Assim, a questão do sexo não é, como quer o psicólogo, a da identidade sexuada de cada um. Aliás, já lá se vão agora vinte anos, o debate erotológico (ele ocorre principalmente nos países anglo-saxões) gira em torno desse ponto, seja nas comunidades *gays*, *queers*, lésbicas, feministas ou outras. Aqui e ali, as pessoas se renderam à evidência de que o modelo das reivindicações negro-americanas, fundado na defesa identitária de um grupo minoritário e perseguido, de fato não podia aplicar-se às identidades sexuadas – o que Foucault havia perfeitamente identificado. A questão sexual é bem antes a de uma despersonalização, a de saber como cada um encontra a possibilidade,

4 Jean Allouch, *La psychanalyse: une érotologie de passage*, Cahiers de L'unebévue, Paris, EPEL, 1998, pp. 109-142 [traduzido no Brasil pela Companhia de Freud].

5 Vai tratar-se de indicações mais que de asserções. Elas provêm de um estudo em curso e antecipam a continuação desse estudo, o do seminário feito por Lacan em 1962-1963 e que ele intitulou *A angústia*.

o caminho de uma perda de identidade (inclusive dessa pretensa identidade sexuada que pode assumir diversas modalidades, mas que nunca é sem semblante nem mascarada). Assim, a trepada decorre da mesma estrutura que a psicanálise, é esta a razão pela qual não se trepa em análise, não porque é proibido, mas porque, em razão dessa isologia estrutural, é impossível. Por aí, a erótica analítica afigura-se da ordem do real.

Vejamos agora "A ciência e a verdade". Ou antes, como a maneira de entrarmos num texto é determinante para a leitura desse texto, dediquemos primeiramente um tempo à crítica heideggeriana da verdade. Lacan, com efeito, passou por ali e seu texto "A ciência e a verdade" é ilegível sem essa referência.

CRÍTICA DA CRÍTICA HEIDEGGERIANA DA VERDADE

Para estudar a intervenção de Heidegger para com a verdade e na falta de a isso não dedicar alguns anos de pesquisa, só nos resta fazer uma escolha, e confiarmos. Elegemos um texto de Alexandre Koyré, publicado na revista *Critique* nº 1, em 1946, texto que Lacan certamente leu, e intitulado de modo pouco profundo (o que é uma armadilha, pois o texto de Koyré está longe de ser pouco profundo, é até bem polêmico): "A evolução filosófica de Martin Heidegger"[6].

Essa iniciativa que se fia no prisma Koyré vê sua pertinência apoiada por uma presença análoga de Koyré em "A ciência e a verdade", em que Lacan declara de imediato:

> **Koyré é aqui o nosso guia e sabemos que ele ainda é desconhecido[7].**

O artigo é uma leitura do texto de Heidegger "A essência da verdade", publicado em 1943, leitura essa que se efetua por uma comparação desse texto com o que era dito da verdade em *Sein und Zeit*, três anos antes.

6 Alexandre Koyré, "L'évolution philosophique de Martin Heidegger", *Critique*, nº 1, 1946.

7 J. Lacan, "La science et la vérité", *op. cit.*, p. 9.

1. Sein und Zeit

Heidegger, em *Sein und Zeit*, partia da observação segundo a qual o lugar da verdade, desde Aristóteles, era o juízo. Daí, ele efetuava toda uma série de passinhos dos quais cada um pode à primeira vista parecer bem evidente que acaba levando o leitor a um ponto de estranheza que se chama heideggerianismo (vamos numerá-los conforme aparecerem entre parênteses). Primeiro passinho: entre duas coisas tão diferentes quanto o juízo e a coisa, não se pode falar nem de similitude, nem de *adæquatio*, nem de *correspondentia*, nem de *convenientia* (1). Depois, nessa dificuldade, Heidegger ainda avança dizendo que o conhecimento (que o juízo) será verdadeiro quando nos apresentar a coisa tal como ela é (2), observação que logo, um pouco subrepticiamente, incorpora seu inverso (o que constitui em si um novo passo): no conhecimento verdadeiro, a própria coisa se apresenta tal como é (3). Há uma "autoapresentação" da coisa que vai na frente do fato de que a asserção descobre, desvela. A verdade da asserção é desvelamento que encontra (4) o ser desvelado. Heidegger (sem aparentemente levar aqui em conta o *lethe* de *aletheia*) traduz, portanto, *aletheia* pelo "não estar escondido", o *Unverborgenheit.*

Deixemos de lado o aspecto metáfora sexual desse "desvelamento" que no entanto seria aquilo em relação ao que teriam imediatamente reagido os primeiros psicanalistas; mas esse impasse talvez seja apenas uma maneira de melhor valorizar esse laço, mil vezes apresentado pela pintura, entre a verdade e a nudez feminina saindo do poço (à maneira Melanie Klein, diríamos: espécie de vagina que deixa aparecer uma *girl-phall* até ali escondida em seu oco).

Logo, há em Heidegger uma condição essencial à verdade, a saber, a existência de um descobridor, daquele que cumpre o desvelamento. Será o homem, mais exatamente (mais um passo) o *Dasein* (5). Seu ato o define: é um ser em relação, voltado para, um "ser rumo ao ente".

Em relação a si, o *Dasein* é essencialmente cuidadoso, cuidadoso consigo, ele tem cuidado de si. Com efeito, ele não é "o que ele é", como uma coisa é, ele é um "poder ser", ele é pro-jeto, é ao se transcender. Ele não tem essência, mas sua existência forma sua essência. É "ser no mundo", aberto ao mundo, e de certo modo fora de si mesmo (reconhecemos aqui uma formulação de um axioma lacaniano capital, aquele que Foucault saudava como a distância tomada em relação a toda filosofia do sujeito – Sartre, Husserl nomeadamente). Koyré observa ainda que esse mundo, segundo Heidegger, não é "tudo o que é" mas um quadro, uma rede de relações possíveis que tem seu fundamento no *Dasein*. Estamos aqui bem próximos de Kant e (exceto o ternário como tal) daquilo que será a primeira versão lacaniana do simbólico, aquela de antes da definição do significante como representando o sujeito para outro significante.

De onde vem que o *Dasein* possa desvelar as coisas? Do fato de que ele próprio é transparente e, portanto, essencialmente verdadeiro. Mas isto permanece uma verdade de princípio. De fato, novo passo do mestre de Heidegger, o *Dasein* se encontra diante de uma escolha (6).

I. O *Dasein* se realiza como verdadeiro quando coincidem aquilo que descobre e aquilo que é descoberto, na lucidez e na transparência. Essa revelação a si mesmo se cumpre na angústia. Talvez possamos reconhecer aí um tema e até uma espécie de constante em Lacan: a angústia não está do lado do patológico, do inconveniente, como quer o psicólogo, mas, ao contrário, do lado da realização de si. A diferença é que Heidegger vê nessa angústia o sinal da revelação de seu próprio nada no *Dasein*, de sua possibilidade de não ser, ao passo que, em Lacan, ela é fundamentalmente uma angústia de vida.

II. O *Dasein* pode, ao oposto, realizar-se de maneira inautêntica, desviar-se, nas ilusões e na dispersão das coisas, espécie de divertimento pascaliano, de seu ser-para-a-morte.

Exceto o toque antes maniqueísta da alternativa assim desenhada, há um pequeno indício de que, chegado a esse ponto, Heidegger, pelo menos aos nossos olhos, extraviou-se, é sua análise do "*on**". Segundo ele, o *on* é inautêntico; não é o eu [*moi*], mas uma despersonalização de que é preciso desprender-se para chegar à autenticidade. Heidegger não vê o alcance do *on*, no *on dit* [dizem] durassiano. Ele não pode ainda mais, já que é a mesma coisa, fazer essa ginástica que consiste em ver nessa despersonalização, logo, num certo tipo de despersonalização, uma realização de si (notadamente no sexo). O que foi o traço crucial para milhões de hinduístas antes dele (a segunda morte é a realização de si como Brahma), isto ele não pode conceber.

---

* Pronome sujeito que marca em francês a indeterminação. (NT)

2. Vom Wesen der Wahrheit

Vai se tratar de *Vom Wesen der Wahrheit* tal como nos é apresentado por Koyré. Há dois aspectos da verdade: *veritas est adæquatio rei et intellectus* quer dizer:

adæquatio intellectus ad rem, **mas também** *adæquatio rei ad intellectum*.

Esta última formulação remete à teologia cristã segundo a qual as coisas, enquanto criadas, correspondem ao *intellectus divinus*. Há uma correspondência da coisa e da ideia, logo, uma verdade possível, porque, nesse intelecto divino, a coisa foi primeiro ela mesma já uma ideia. A adequação das coisas ao intelecto divino garante a adequação delas ao intelecto humano.

Entretanto, observa Heidegger, uma vez que a ordem cósmica, lógica, está dissociada da ordem divina da criação (digamos, para além da virada galileana), a mesma definição da verdade põe-se a funcionar intempestivamente, no vácuo, como uma falsa evidência, privada que está daquilo que era sua razão. Logo, é preciso retomar o problema. E aqui vamos reencontrar um velho conhecimento, a representação.

A asserção verdadeira se refere à coisa na medida em que a representa, o que quer dizer que ela deixa a coisa ficar diante de nós como um objeto. O objeto transpõe a distância que nos separa dele e, ao mesmo tempo, permanece nele mesmo. O aparecimento do objeto se efetua naquilo que Heidegger chama um "aberto". O ente se apresenta no aberto. Estamos abertos para a coisa e a coisa está aberta para nós. A verdade é colocada em presença de dois abertos.

Os primeiros psicanalistas não teriam recuado em convocar aqui o lesbianismo como grade interpretativa da colocação em presença desses dois abertos. Seguimos, antes, aqui ainda, o fio da proposição.

Já que não é a representação que cria essa abertura que experimentamos na presença do ente, essa abertura tem um direito mais original que a verdade do juízo a ser considerada como essência da verdade. Ora (novo passo), essa atitude receptiva, passiva, pressupõe a liberdade. A essência da verdade é, portanto, a liberdade. Koyré chama isto (a um só tempo de modo bonito e com brutalidade) uma "lógica emanatista"; ele no entanto admite que a questão do comportamento aberto de fato se coloca.

Coloca-se... em que termos em Heidegger? Ancorar a verdade na liberdade desencadeia essa consequência, a de que o homem também pode não deixar-ser o ente no aberto. Assim é que a liberdade funda a verdade mas ao mesmo tempo a solapa.

Como é que isso acontece na história? A ciência deixa ser o ente singular, ela o descobre em sua verdade. Mas, assim fazendo, ela o dissimula em sua totalidade. As árvores (a ciência, sempre saber local) escondem a floresta (o global); há antinomia entre ciência e filosofia. Assim, a ciência re-vela o ente em sua totalidade. O saber objetivo não segue mas pressupõe a dissimulação, o esquecimento. A *revelatio* é *re-velatio*. Assim reina o extravio, a *Irre*, temática que vamos reencontrar, com uma defasagem, em Lacan.

Nessa errância, o homem acaba até esquecendo a dissimulação, o esquecimento. Já notamos que, embora não exista, em Lacan, questão de verdade ao quadrado, de verdadeiro do verdadeiro, por outro lado existe, em Lacan como em Heidegger, um esquecimento do esquecimento, que não é exatamente um esquecimento ao quadrado já que o segundo esquecimento não é um simples redobramento do primeiro. Ao errar, o *Dasein* insiste (oposição retomada por Lacan entre ex-sistência e in-sistência), em se ater ao que o ente descoberto lhe oferece. No entanto, até no esquecimento do esquecimento, no extravio essencial, na errância, o *Dasein* mesmo assim busca a verdade. Heidegger faz de nós primeiro extraviados para melhor nos introduzir sua solução posteriormente. É possível, diz ele, não se deixar enganar, desmascarar o mistério de um *Dasein* a um só tempo in-sistindo e ex-sistindo.

E Koyré então coloca a Heidegger uma questão crucial. Reconhecendo, "pelo menos em parte", a Heidegger ter demonstrado a possibilidade de vencer o esquecimento, e sobretudo de nos ter revelado a *Irre*, ele se pergunta:

> **[...] está ele bem seguro de ter podido vencer o esquecimento? E até de nos tê-lo revelado como esquecimento? Não é aí um resto de otimismo platônico? Ou, talvez, um resto de otimismo cristão[8]?**

A filosofia fica a meio-caminho – aqui, entendemos como um eco o "semidizer" lacaniano. Isto faz a diferença com *Sein und Zeit*, em que a possibilidade de desvendar a inautenticidade implicava a de superá-la. Três anos

8 A. Koyré, *op. cit.*, p. 296.

depois, "A essência da verdade" vem dizer a vaidade de tal esperança. Em todo caso, Koyré, em 1946, pega na pena para ressaltar essa "confissão"[9].

E não é para ele muito difícil, daí, demonstrar a inconsistência de Heidegger. Se a liberdade, nota ele, é a um só tempo essência do verdadeiro e do falso, a essência pode ela mesma ser falsa. Então, é a dupla equação verdade = autenticidade / falsidade = inautenticidade que não se mantém, mediante o que o impessoal pode igualmente ser o autêntico. O que vai ao encontro da observação que fizemos sobre o "*on*". E vemos agora que a cegueira sobre o *on* caminha junto, em Heidegger, com a impotência em pensar a radicalidade do esquecimento, isto é, o esquecimento do esquecimento.

Nessa impotência, Heidegger recorre à história, o que, segundo sua própria filosofia, é bem leve, já que tal recurso consiste em confiar no ente para regrar o problema do ser[10].

3. Posição de Heidegger

Encontramos confirmado que a oposição fundamental é a da verdade e do esquecimento. Como? Pela solidariedade, em Heidegger, explorada por Koyré, entre a impotência em pensar a verdade (que Koyré implacavelmente... desvela) e o pouco vigor de seu pensamento para com o esquecimento do esquecimento, isto é, para com seu pensamento da morte (o que recentemente demonstrou, não menos implacável que Koyré na época, Derrida).

Qual é, aqui, o valor fálico da verdade? A verdade está do lado do sujeito, provavelmente de maneira bem radical. É o que quer dizer que sua essência seja a liberdade. É também o que assinala a distribuição segundo a qual o *Mit-sein* está do lado da existência inautêntica ao passo que o *Dasein* só estaria confrontado com o seu ser-para-a-morte. Esse valor fálico também pode ser determinado em relação ao eixo verdade – esquecimento: ele não está inteiramente na extremidade esquerda desse eixo, já que não há verdade suscetível de erigir-se contra o esquecimento absoluto, isto é, contra o esquecimento do esquecimento. Quanto ao caráter fálico desse valor, ele

9 *Ibid.*, p. 300.

10 Notamos que, desde 1946, Koyré havia perfeitamente formulado que o engajamento de Heidegger no nazismo de fato fazia parte de sua doutrina, e talvez nos espantemos que tenham sido necessárias várias dezenas de anos para que se colocasse uma questão que Koyré havia perfeitamente tratado no imediato pós-guerra.

transparece na própria instância da filosofia, a qual se erige ao se representar fantasmaticamente o encontro lesbiano de dois abertos.

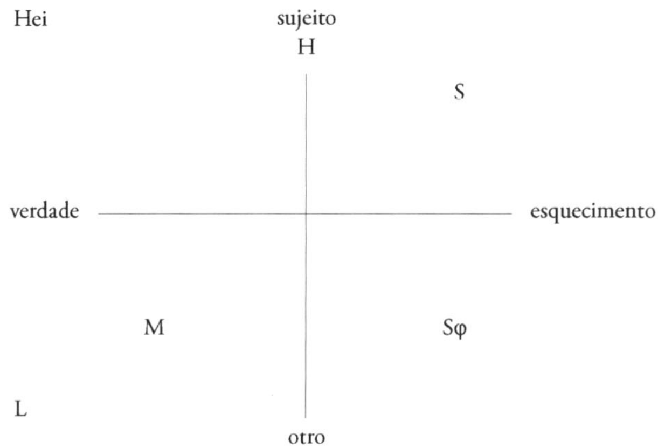

M = Mestre da verdade
H = Hoplitas
S = Sofistas
Sφ = Seitas filosófico-religiosas

P = Powys
Y = Yerushalmi
L = Lacan
Hei = Heidegger

Alguns valores da função fálica
Esquema 5

Constatamos que esse valor é um daqueles cuja existência a escrita algébrica da função fálica nos havia permitido conjecturar.

A caminho, encontramos algo que vamos rever em "A ciência e a verdade", uma forma do esquecimento no saber científico, uma forma que, aqui, não corresponde ao esquecimento radical mas a um esquecimento que não consegue efetuar-se plenamente como esquecimento.

SEXTA SESSÃO, DOMINGO DE TARDE

UM MOMENTO EFETIVO DE SEMINÁRIO

A fim de ler "A ciência e a verdade", precisamos ainda trazer outra coisa ao canteiro de obras. Com efeito, pouco antes de "Sentido de um retorno a Freud", houve um momento que podemos dizer de seminário efetivo, um momento como encontramos alguns, embora poucos, e sobretudo no primeiro período do seminário, no hospital Sainte-Anne, um momento precioso pelo fato de Lacan ali ser abertamente questionado. Esse "seminário efetivo" está incrustado na sessão de 19 de maio de 1954. O que acabamos de estudar em relação a Heidegger vai nos dar um bom ângulo de leitura para ver o que então aconteceu entre os quatro protagonistas[1] que são Jacques Lacan, François Perrier (não identificado na transcrição da editora Seuil – doravante TS), Octave Mannoni (Mannoni O., zero, como dizia um dito espirituoso gráfico) e Jean Hyppolite. E vamos, aqui, inaugurar um modo ainda não efetuado de transcrição do seminário que consistirá em dar certas indicações teatrais à margem do texto[2].

---

1 Encontramos quase os mesmos em 12/01/1955; nesse dia, Hyppolite menciona a interpretação heideggeriana do saber absoluto, e a discussão vai ficar bem próxima daquela que vamos estudar (cf. p. 12 da estenotipia & sq.).

2 Jamais realizado mas não inédito em sua concepção. Assim Jorge Baños Orellana notava, em 1995, que ninguém, até aqui, ousou publicar as intervenções de Lacan como um libreto de teatro (*El idioma de los*

Lacan acaba de afirmar que

> **[...] o recalque e o retorno do recalcado são a mesma coisa.**
>
> **As três réplicas a seguir devem ser lidas como se fosse Beckett:**
>
> **Lacan: – Não o espanta, Perrier, que o retorno do recalcado e o recalque sejam a mesma coisa?**
>
> **Perrier [*falsamente decepcionado, pois Perrier nunca ficou decepcionado como prova seu alcoolismo*]:**
>
> **– Ah, nada mais me espanta!**
>
> **Lacan [*pleonasmático*]: – Existem pessoas que se espantam com isso. Embora Perrier nos diga que nada mais o espanta.**
>
> **Intervém, então, o guardião dos manes freudianos:**
>
> **Mannoni: – Isso elimina a noção, que às vezes encontramos, do recalque bem-sucedido.**
>
> **Lacan: – Não, isso não a elimina... Mas para lhe explicar isso seria preciso entrar em toda a dialética do esquecimento. Toda integração simbólica bem-sucedida comporta (... mas isso nos levaria bem longe da dialética freudiana...) uma espécie de esquecimento normal.**
>
> **Mannoni: – Mas sem o retorno do recalcado, então?**
>
> **Lacan: – Sim, sem retorno do recalcado. A integração na história comporta evidentemente o esquecimento de um mundo inteiro de sombras que não são levadas à existência simbólica: e se essa existência simbólica é bem-sucedida, plenamente assumida, assumível pelo sujeito, sem deixar nenhum peso atrás de si... Caímos aí, então, seria preciso fazer intervir noções heideggerianas [*a estenotipista corrigiu seu primeiro termo: "hegelianas"*]: há em toda passagem, toda entrada do ser em sua habitação de palavras, uma margem de esquecimento, um *lethe* complementar de toda *aletheia*.**
>
> *Ouvindo isso, Hyppolite decide intervir. Vai discretamente corrigir o não-especialista Lacan que já se mistura um pouco com Heidegger.*

Justamente, podemos então surpreender Lacan cometendo erros, isso faz uma diferença sensível com o que ele notava da figura do professor, este nunca pego em falta. É uma espécie de consciência perceptiva que Lacan

lacanianos, Buenos Aires, Atuel, 1995, p. 95).

alega: se olho um objeto, há muitas coisas que vão passar na sombra de meu campo perceptivo – pelo menos, podemos assim ouvir o que ele acaba de dizer. Ora, Heidegger é outra coisa. Segundo ele, o esquecimento não está naquilo que de certo modo cai ao lado daquilo que é simbolizado mas jaz na própria simbolização; esta, ao valorizar o ente, esquece necessariamente o ser do ente. É o que Hyppolite decide observar a Lacan.

Hyppolite: – O esquecimento não é desprezível. Ele próprio está contido na expressão simbólica.

Lacan: – Sim, exatamente. [*Essas duas réplicas foram puladas na transcrição da editora Seuil, a qual apresenta assim um Lacan que nunca se engana – isto é, um Lacan professor*].

Com este "exatamente" que vem rápido demais, que talvez seja uma tentativa de intimidação, que em todo caso tende a calar o outro, Lacan nos parece não ter recebido a correção. Ele já está desconcertado, mas ainda não sabe. Hyppolite decide então retomar o problema de modo um pouco diferente.

Hyppolite: – Era a palavra "bem-sucedido" que eu não entendia na fórmula de Mannoni. O que quer dizer bem-sucedido? É o que não entendo.

Lacan: – É uma expressão de terapeuta. É um *lethe* absolutamente essencial [*transcrito TS: "O recalque bem-sucedido é essencial"!!!*].

Até aqui, Lacan ainda pode crer que tudo está sob controle. Faz aliança com o filósofo contra o terapeuta Mannoni, até mesmo contra o terapeuta falsamente decepcionado que seria Perrier. Mas logo as coisas mudam e vamos imediatamente ver Hyppolite criar dificuldades para Lacan ao suspender uma pesada ambiguidade sobre a qual Lacan tentava apoiar-se de modo a se apropriar de Heidegger contra o terapeuta.

Hyppolite: – Porque bem-sucedido poderia querer dizer justamente o esquecimento mais fundamental.

Lacan: – É disso que eu falo, contanto que se dê a "fundamental" o sentido que você diz.

Lacan deve agora ter sentido o perigo vindo do filósofo; ele vai portanto tentar uma derradeira manobra para colocá-lo de seu lado; mas este volta à carga:

Hyppolite: – Esse "bem-sucedido" que dizer então, sob certos aspectos, o que há de mais fracassado [*alusão à* Irre]: você no fundo conseguiu que o ser fosse integrado [*esta última proposição foi pulada em TS, que além disso remaneja o conjunto da passagem*]. Para isso, foi preciso esquecer o essencial. Esse êxito é um fracasso.

Lacan agora pelo menos compreendeu que Hyppolite contesta seu apoio em Heidegger. A luta se desloca, vai se referir a duas leituras de Heidegger, ainda que Hyppolite tenha a boa.

Lacan: – Não estou seguro de que seja o que quer dizer Heidegger quando indica esse *Irre* fundamental a toda encarnação temporal ("encarnação temporal" não é dele) do ser [*TS pulou o conjunto dessa proposição*].

Doravante, está aberto o enfrentamento entre Lacan e Hyppolite. E acontece, então, uma notável mudança de lugares: Lacan acaba de se colocar em posição de comentador de Heidegger; logo, como concorrente de Hyppolite (já que era a esse título que Hyppolite intervinha), e Hyppolite, de modo bem sutil, muda então de lugar, pondo-se a falar do próprio lugar de Heidegger.

Hyppolite: – É uma outra questão que coloco para Heidegger. Ele não aceitaria a expressão "bem-sucedido". "Bem-sucedido" só pode ser um ponto de vista de terapeuta.

Lacan: – Sim, é isso, é um ponto de vista de terapeuta. Entretanto, essa espécie de margem de erro que há em toda realização do ser está sempre reservada, parece, por Heidegger, a uma espécie de (*Ver...*) [*com certeza uma palavra alemã? Vergessenheit? – TS escreve: lethe*] – fundamental, de sombra de verdade.

Lacan continua portanto não entendendo, constata Hyppolite; ele coloca, portanto, os pingos nos ii:

Hyppolite: – O êxito do terapeuta, para Heidegger, é o que há de pior; é o esquecimento do esquecimento. É isso que é o mais grave para Heidegger, que não se coloca no ponto de vista do terapeuta, é o esquecimento do esquecimento. Ao passo que a autenticidade heideggeriana é justamente que não soçobremos no esquecimento do esquecimento.

E, aí, vamos assistir a algo muito curioso. Da mesma forma que, em lógica, o falso pode engendrar tanto o verdadeiro quanto o falso, da mesma forma, aqui, a incompreensão de Lacan engendra uma resposta que podemos acolher como singularmente pertinente e até chocante, uma resposta que questiona nada menos que a filosofia heideggeriana em seu conjunto, em seu projeto, em sua errância.

> **Lacan: – Sim, porque Heidegger fez dessa volta às fontes do ser uma espécie de lei filosófica. Provisoriamente, deixaremos essa questão em suspenso.**
>
> **Evidentemente, Lacan não faz nada disso, já que, ao contrário, retomando a questão de Mannoni sobre o recalque bem-sucedido, ele acrescenta:**
>
> **Lacan: – Se a introduzo aí, e se não deixo passar a intervenção de Mannoni – eu gostaria igualmente de afastá-la[o]** [*afastar... a questão, ou Mannoni?*][*] **–, é, creio, porque temos de nos colocar a questão: em que medida um esquecimento do esquecimento pode ser bem-sucedido? Em que medida toda análise deve desembocar no que chamei, agora mesmo, essa volta no ser? Ou num certo recuo no ser, tomado pelo sujeito no lugar de seu próprio destino**[3]**.**

Em Heidegger, a terapêutica (ele diria o caminho, Derrida diria a resposta) é a volta às fontes do ser. A terapêutica toma apoio no essencial fracasso do esquecimento, incapaz de desprezar totalmente o ser do ente. Logo, não há nada de pior, para Heidegger, que o esquecimento do esquecimento. Ora, sobre esse ponto fundamental, a oposição de Lacan, desde 1954, está claramente estabelecida, já que, ao contrário, segundo Lacan, é o esquecimento do esquecimento que tem um valor terapêutico. Na passagem que acabamos de estudar, Lacan não sabe muito bem dizer em que consiste esse esquecimento do esquecimento e essa flutuação também é aquela de sua leitura um pouco imprecisa de Heidegger. Mas há, todavia, nesse ponto, uma preciosa indicação: a identificação do recalque bem-sucedido, sem resto, com o esquecimento do esquecimento.

---

3 Esse esquete evoca o dito espirituoso maldoso de Heidegger a respeito de Lacan, a réplica enunciada depois de Heidegger ter percorrido o exemplar dos *Escritos* que Lacan lhe enviara: "o psiquismo precisa de um psiquiatra". Ao prescrever um tratamento a Lacan, Heidegger se posicionava, justamente, como terapeuta. Toda essa discussão com Hyppolite-Heidegger de 19 de maio de 1954 (doze anos antes do dito espirituoso de Heidegger) já tinha por implicação determinar onde está, quem é o terapeuta.

* Em francês *l'écarter* [afastá-la[o] é ambíguo pois o artigo definido elidido em *l'* tanto pode ser feminino [questão] quanto masculino [Mannoni]. (NT)

Teremos notado que, em duas frases, Lacan passou de uma "volta às fontes do ser" (uma alusão transparente ao interesse de Heidegger pelos pré-socráticos) a uma "volta *no* ser" (o "*em*" é repetido duas vezes), o que é tão diferente quanto voltar beirando a margem até as fontes de um rio e voltar até essas mesmas fontes mas pelo rio. Há, em Heidegger visto por Lacan, um lado que transborda de ser para com o qual Lacan toma explicitamente suas distâncias. Assim conclui ele essa disputa com Hyppolite sob o olhar dos terapeutas doravante silenciosos (embora o valor da palavra tenha, nesse meio tempo, se positivado) por um distanciamento em relação a Heidegger. Esse distanciamento no entanto permanece ambíguo: ele fala de um "recuo no ser". Isto pode ser lido de duas maneiras, entre as quais Lacan não decide: I. como um movimento inverso daquele de Heidegger no qual o retorno à fonte do ser é um movimento para sempre mais ser (há mais ser na fonte do que no que dela decorre – é uma espécie de rio ao avesso); logo, como um movimento para um menos ser, e é a interpretação minimalista, ou II. como um recuo no ser mas que permite um desprendimento em relação ao ser, um movimento que não nos poria apenas mais longe da fonte mas também que nos propulsaria para a margem.

Um traço, em todo caso, é afirmado sem ambiguidade: a simbolização (o recalque bem-sucedido) é constituinte de um esquecimento do esquecimento, o qual é correlato a uma subtração de ser.

"*A ciência e a verdade*"

Já por duas vezes em Lacan confirmamos a pertinência da oposição conceitual verdade/esquecimento. Vai acontecer o mesmo dez anos depois de "A coisa freudiana"? A questão se coloca com acuidade, pois, entre Viena e a Escola Normal Superior, o fundo sonoro mudou. A tonalidade geral não é mais a religião, ou o mito, mas a ciência. Logo, não parece nem um pouco excluído, *a priori*, que a verdade seja de outro modo orientada que na relação de "retorno a...", que, aliás, também encontramos colocada em ação em Heidegger (mas que Foucault não menciona, em fevereiro de 1969, em sua conferência "O que é um autor?").

Trata-se de uma "aula de abertura"[4] do seminário de Lacan na École Normale Supérieure, e essa sessão de seminário (pois também se trata dis-

4 J. Lacan, "La science et la vérité", *op. cit.*, p. 7.

so) vai portanto apresentar numerosos inconvenientes, imperfeições e também eventuais felicidades de um tal exercício. Uma aula como essa é longamente preparada, deve estar bem substancialmente fornida de referências diversas mas intelectualmente prestigiosas, aquelas que esperamos e aquelas que vão surpreender, ela não deve economizar na ambição, deve querer muito, mesmo arriscando fracassar. Algumas sumidades do pensamento estão na sala, o que ainda complica o exercício, embora, no caso de Lacan, a pressão seja um pouco atenuada pelo fato de que se trata de um rito universitário a baixo preço: não estamos no Collège de France, só lhe foi emprestada uma sala, ele não tem verdadeiramente título universitário para ocupá-la e a aula será publicada numa obscura revista por um editor quase inexistente. Pouco importa, o exercício é o oposto do "seminário efetivo" que encenamos, de seu aspecto tartamúdico, de enfrentamento, de diálogo, de retificações em curso. Aqui, só um tem a palavra e ele significa senão que sabe pelo menos que sabe não saber, e que não é em vão que o alçaram até ali de onde ele fala. Logo, não é um acaso se são especialmente aqueles que gostam de se apresentar "na cena do mundo" como sabedores que têm predileção por esse texto cujo caráter bastante "escrito" (a publicação se seguiu quase imediatamente) é bem suscetível de impressionar.

Por exemplo, quando Lacan situa a falta do verdadeiro sobre o verdadeiro no lugar do *Urverdrängung*, o que disso concluir[5]? Nada, sobretudo nada! Na falta de um estudo que julgasse a pertinência da asserção, seus limites de validade, sua fecundidade teórica, uma elementar prudência reclama não se apossar dela apresentando-a como um saber. Assim, vamos nos limitar a identificar a ossatura desse texto. Essa ossatura é uma máquina, uma matriz, que pode facilmente ser escrita sob forma de um quadro.

Em relação a "Sentido de um retorno a Freud", a aula de 1965 é portadora de uma efetiva mudança quanto à questão da verdade. A verdade era o inesquecível por excelência; agora ela é colocada em posição de causa. A verdade falava; ela sempre fala, mas agora Lacan disso deduz que, nessa *parlure* [falar] (como se dizia na Idade Média), ela é sem saber. Com efeito, se a verdade falante não deixasse de saber, o sujeito na psicanálise seria pura e simplesmente o sujeito da ciência, o que acreditamos que Lacan diz, ao ponto de isso parecer ter-se tornado um erro comum. Corrijamos com aspas: na psicanálise, o sujeito

5 *Ibid.*, p. 21.

é o "correlato antinômico" da ciência, um correlato que a ciência justamente não consegue suturar[6]. Logo, na análise, a verdade é sem saber, mas não sem causa. Até no *cogito* "nada se fala senão apoiando-se na causa"[7].

> **Essa lembrança** [*de "A coisa freudiana" – texto que é preciso ainda mais lembrar porquanto vamos corrigi-lo*] **não deixa de ser pertinente, já que o intermediário** [*entre verdade e saber, diz o contexto*] **que vai nos servir neste ponto, vocês me viram trazê-lo há pouco** [*a propósito do* **ergo** *do* **cogito**]. **É a causa: a causa não categoria da lógica mas causando todo o efeito**[8].

Mede-se a diferença? Enquanto inesquecível por excelência, a verdade bem levantava a questão da causa desse inesquecimento, mas nada indicava que essa verdade era por si mesma sua própria causa. A causa do inesquecimento bem podia estar em outro lugar que no inesquecimento. Exatamente: não se sabia. Ou, em todo caso, não estando explicitamente colocada, a questão não estava tampouco decidida. Agora, ela está decidida: o que não pode ser esquecido é causa do fato de que isso não pode ser esquecido. Essa tese nada tem de evidente, inclusive em Freud.

O terreno da causalidade é um terreno minado, que logo torna quem nele penetra vizinho de colegas não necessariamente (universitariamente) escolhidos, detentores do parapsicologismo, do ocultismo e outras transmissões de pensamento. As ciências duras criticam o antropomorfismo da noção de causa. Lacan não ignora isso e é, portanto, a uma espécie de arpentagem que ele se entrega ao depositar, nesse terreno minado da causalidade, sua matriz.

Trata-se de um momento provisório, especialmente provisório, até mesmo evanescente, de uma formulação furtiva da causalidade em Lacan? Podemos pensar isso se convocarmos o fato de que essa causalidade será, nele, levada a cargo, de maneira muito mais constante, insistente, articulada, pelo objeto pequeno *a*. A frase da passagem (se tal passagem de fato aconteceu) da causalidade da verdade àquela do objeto pequeno *a* (já identificada e formulada em 1963, no momento mesmo da invenção do objeto pequeno *a*) aliás

6 *Ibid.*, p. 14.

7 *Ibid.*, p. 18.

8 *Ibid.*, pp. 21-22.

está inscrita nessa lição, frase ilegível fora de seu posicionamento histórico no trilhamento de Lacan:

> **Essa teoria do objeto pequeno *a* é necessária, veremos, a uma integração correta da função, do ponto de vista do saber e do sujeito, da verdade como causa[9].**

A matriz comporta "quatro modos de refração" "recenseados"[10] da verdade como causa. Na verdade, isso às vezes ocorre entre três e quatro e esse balanço não é desprezível, pois marca o próprio espaço da psicanálise a um só tempo em e fora da ciência. Para cada uma dessas refrações, Lacan vai definir uma maneira específica da verdade como causa e associar-lhe uma certa relação da verdade com o saber. Em tudo isto, parece primeiramente que a verdade perdeu seu antinômico companheirismo conceitual com o esquecimento. O fato é tanto mais sensível porquanto a referência feita nessa aula a "A coisa freudiana", ao fracasso doravante reconhecido da tentativa feita pela prosopopeia de "A coisa freudiana", é explícita[11].

A matriz é construída sobre a base da análise aristotélica da causalidade (Lacan nela se apoia e a comenta várias vezes) que distingue (segundo Lacan, o ponto levanta dúvidas entre os especialistas) quatro causas: formal, material, eficiente, final.

Causa	Registro	Relação com o saber	Relação com a verdade como causa
Eficiente (24)	Magia	Dissimulação (24)	Recalque (27)
Final (25)	Religião	Desconfiança (25)	Denegação (25-27)
Formal (28)	Ciência	Comunicação (29)	Foraclusão (27)
Material (28-30)	Psicanálise	Não há saber (30)	Nó (30)

Entre parênteses, o número das páginas onde são encontrados os termos aqui alinhados em quadro

Esse ordenamento permite que Lacan, em relação aos três outros modos que "escapam à sua jurisdição" (magia, religião, ciência), lance, então, uma

9 *Ibid.*, p. 28.

10 *Ibid.*, p. 28.

11 *Ibid.*, p. 21.

palavra de ordem que, anos mais tarde, será de Foucault: resistam[12]!

São as duas últimas casas, embaixo e à direita, que, principalmente, importam para nós. São mais obscuras, menos cristalinas, menos alinhadas que as outras. Para esclarecer o que está em questão, temos de partir novamente da ciência, isto é, de uma separação "segundo a linha correta"[13] do saber e do sujeito. Essa separação situa o sujeito como "correlato antinômico" do saber científico. Lacan escora esse posicionamento do sujeito num fato bem simples e, parece, dificilmente contestável, o fato de que a ciência

> **[...] não tem memória. Ela esquece as peripécias das quais nasceu, quando é constituída, em outras palavras, uma dimensão da verdade que a psicanálise põe ali altamente em exercício[14].**

Eis, então, que reencontramos o esquecimento, num lugar bem preciso de "A ciência e a verdade". Um tal esquecimento pode perfeitamente evocar o recalque bem-sucedido na medida em que, longe de retornar no desenvolvimento do saber ao perturbar esse desenvolvimento, parece, antes, que este só se porta melhor. A ciência dispensa o "drama do sábio"[15]: pouco importa à análise da queda dos corpos que Galileu tenha sido condenado, ao estudo dos transfinitos que Cantor tenha terminado a vida num hospital psiquiátrico, à relatividade que Einstein não tenha sido muito feliz no amor, etc.

Lacan está aqui claramente à distância de Heidegger condenando a tecnociência em nome de seu esquecimento do ser do ente. Ele sequer menciona mais esse esquecimento sombra do saber, sobre o qual ele aliás não havia manifestado nenhum lamento particular, nenhuma nostalgia. Esse esquecimento do sábio na ciência que, por certos aspectos pelo menos, vai ao encontro daquilo que Foucault diz do autor na literatura moderna, que também vai ao encontro daquilo que aqui afirmamos do esquecimento da identidade sexuada na trepada, um tal esquecimento pode bem chegar até o esquecimento do esquecimento. Para o sábio que trabalha, para aquele que escreve, para quem trepa, isto não tem, propriamente falando, importância. Na medida em que poder não (produzir saber verdadeiro, escrever, trepar) é precisamente o que

---

12 *Ibid.*, p. 29. Lembremos que foi antes de mais nada a ordem de um protestantismo perseguido.

13 *Ibid.*, p. 15.

14 *Ibid.*, p. 22.

15 *Ibid.*

assinala um excesso de importância dado ao esquecimento do esquecimento.

Ao identificar o sujeito na psicanálise ao sujeito na ciência, Lacan de certo modo confia nesse esquecimento bem-sucedido. Como com o drama do sábio, o "drama do analisando", em outras palavras, tudo o que fez a carne da erotologia analítica de passagem, será esquecido em suas tribulações eróticas ulteriores[16].

Todo o problema de cada análise é de certo modo tornar possível tal esquecimento. Assim, esse "não* há saber", que Lacan identifica, então, ao "não há hesitação [*pas-hésitation*] da neurose", também deve ser lido como um passo [*pas*] no sentido da marcha, aquele que, justamente, suprimiria a hesitação, o *pas-* (o *ne pas-*) [não] hesitação.

De onde parte esse *pas*? De um esquecimento que podemos dizer um esquecimento do ser, que Lacan nomeava assim durante seu seminário de 26 de junho de 1967, em conclusão de sua leitura do caso dito do pequeno Hans. Após ter citado, sem nenhuma reserva, o dito espirituoso relativo ao esquecimento do esquecimento[17], ele o confronta com o esquecimento por Herbert Graf de sua análise, para concluir que, nesse esquecimento, "Hans *é* esquecido"[18]. Não se podia indicar, de modo mais claro, que ao inacabamento da análise corresponde um esquecimento do ser, um esquecimento de si no sentido em que algo de si é deixado de lado, mas deixado em algum lugar, mas mantido em seu ser pelo próprio desinteresse, e a seu acabamento um esquecimento do esquecimento. O passo [*pas*] analítico é passagem de um a outro esquecimento.

Ao abordar "A ciência e a verdade", colocávamos duas questões. I. O deslizamento efetuado por Lacan da verdade como o inesquecível por excelência ("A coisa freudiana") à verdade como causa material ("A ciência e a verdade") modifica a posição de Lacan, aquela inscrita L na figuração numerada 4 da fun-

16 Daí a existência, em Lacan, de um momento dito do passe, como tal evanescente, em que o drama do analisando, prometido ao esquecimento, já comprometido no esquecimento, no entanto ainda não está esquecido.

17 Tendo partido para uma ilha deserta a fim de esquecer, um fulano vê um belo dia desembarcar alguns intrusos que o interrogam sobre o que ele faz ali. – "Vim para esquecer", confessa-lhes. – "Esquecer o quê?", lhe perguntam. – "Não sei, esqueci". Não concluamos rápido demais que não há em nosso fulano esquecimento do esquecimento. Constatemos que, em todo caso, terá sido preciso a ruptura de seu isolamento e que a questão lhe seja colocada para que possamos dizer que não houve esquecimento do esquecimento.

18 São as últimas palavras da sessão. No exemplar da estenotipia, o "é" está escrito (como se estivesse sublinhado) à mão. A de Lacan?

* O autor joga com *pas* advérbio de negação e *pas* = passo. (NT)

ção fálica? II. Como doravante se situa, se todavia ainda se trata dela, a erótica da verdade? À primeira questão não se pode responder de maneira simples, ainda que essa localização permaneça fundamentalmente no lugar do otro. Com efeito, no não [*pas de*] saber, a verdade como esquecimento do ser acaba sendo esquecida no saber, apesar do risco de que esse esquecimento seja ele mesmo esquecido. Logo, L não é mais senão um ponto de partida, e o movimento desse não saber [*pas-de-savoir*] pode ser, a partir daí, figurado por uma flecha que se prolongaria até a extrema direita do esquema. Com a verdade como causa material, o problema da localização do valor fálico da verdade só pode ser tratado de modo dinâmico. Daí essa flecha, que, é claro, evoca aquela que liga S_1 a S_2: $S_1 \rightarrow S_2$. De modo notável, esse L trazido em S_2 é vizinho da posição da verdade nas seitas filosóficas e da filosofia do princípio de prazer apresentada por Powys.

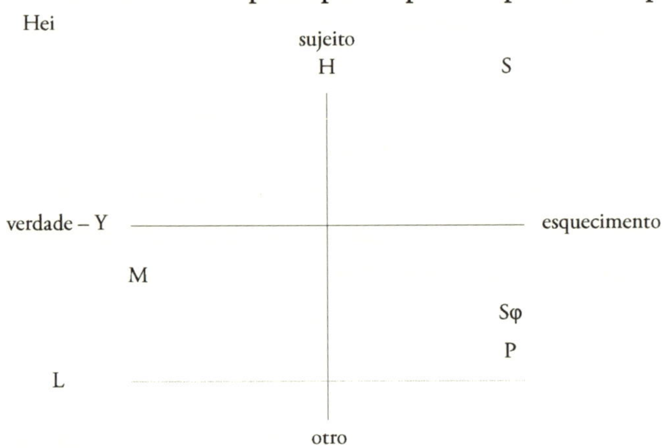

M = Mestre da verdade — P = Powys
H = Hoplitas — Y = Yerushalmi
S = Sofistas — L = Lacan
S = Sofistas — Hei = Heidegger

Alguns valores da função fálica
Esquema 6

Quanto à erótica da verdade, a própria expressão causa material dá seu teor. O próprio ato de traçar a flecha (por exemplo, na interpretação) realiza a perda dessa causa, como a ereção fálica caminha para a própria perda na realização do desejo e acrescentemos, para sublinhar a última frase da aula, como Lacan prossegue seu seminário. É o que quer dizer que o sujeito esteja esvaecido, esteja em *fading* em S_2. Aqui, não há roteiro, não há mais mito, não há mais convite a devorar Freud, apenas um matema que escreve que a perda da verdade como causa material, que sua detumescência se realiza no esquecimento.

Alguns anos mais tarde

A abertura do sujeito ao esquecimento do esquecimento é antinômica com a perspectiva heideggeriana de um sujeito que habita o ser, até mesmo a clareira da verdade. Se, em Lacan, a verdade do ser esquecido pode pela análise passar ao saber, esse próprio saber não conduz a nenhum suplemento de ser, a nenhuma proximidade maior com o ser, apenas a seu próprio esquecimento. Lacan, em 14 de janeiro de 1970 (seminário *O avesso da psicanálise*):

> **<A verdade> não pode ser dita inteira porque, para além de sua metade, não há nada a dizer, tudo o que pode ser dito é isso, e por conseguinte aqui o discurso se abole, não se fala do indizível, por mais prazer que isso pareça dar a alguns.**

E temos a surpresa de encontrar, nesse 14 de janeiro de 1970, perfeitamente articulada, a tese que, ao longo desses encontros que são aqui páginas, impôs-se para além da própria invenção da psicanálise (a histérica sofre de reminiscências), através de "Sentido de um retorno a Freud", "A ciência e a verdade" e... agora. Eis:

> **Essa falta em ser <a verdade> que também poderemos chamar de outro modo, essa falta de esquecimento, o que se lembra a nós nas formações do inconsciente, não é nada que seja da ordem do ser, de um ser pleno de maneira alguma. O que é esse desejo indestrutível de que fala Freud para concluir as últimas linhas de sua *Traumdeutung*? O que é esse desejo que nada pode mudar nem dobrar a não ser tocando nele? Essa falta de esquecimento é a mesma coisa que essa falta em ser, pois ser nada mais é que esquecer.**

A psicanálise é uma erotologia uma vez que, como a trepada que, esta, a isso chega numa espécie de via direta, é um caminho para o esquecimento do esquecimento.

55100

Esta obra foi produzida nas
oficinas da Imos Gráfica e Editora na
cidade do Rio de Janeiro